大展好書　好書大展
品嘗好書　冠群可期

中華傳統武術 11

六路真跡武當劍藝

大展出版社有限公司

王恩盛 著

王恩盛老先生 83 歲近照

天津市文史研究館館員
天津市政協書畫藝術研究會會員
天津市美術家協會會員
構圖百分比研究人
武當拳法研究會會員
丹派武當劍第十二代正宗傳人
武當劍魂詩畫創研人
中國武術協會會員

武當六路正華歌　詩二首

武當一劍半世得，風霜雨雪苦汗瀝。
四佰劍姿嘔心創，才爲先師完半托。
武當雜誌先發表，後現劍稱有傳訛。
美中不足當修正，精益求精更須琢。

前恩未盡何時了，我著全書亮正轍。
劍魂圖像詩畫舉，六路升華舞漫歌。
八四癡翁難全美，各方學員多品酌。
老有所爲眞情獻，望君賜教兩定奪。

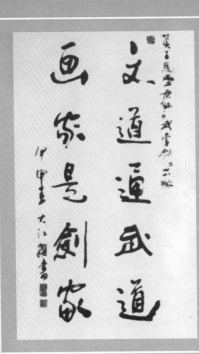

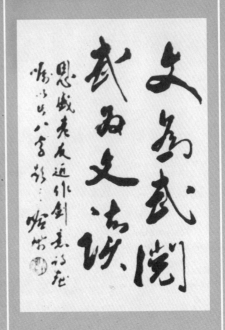

文通運武道 畫家是劍家

文為武開 武為文讀

雜筆繪劍 妙手生輝

1	2
3	

① 武當山武當拳法研究會秘書長
譚大江先生題詞

② 天津市著名書法家哈佩先生
題詞

③ 天津市著名書法家寧書綸先生
題詞

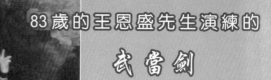

83歲的王恩盛先生演練的

武當劍

雲龍探爪

日透長虹

鐵橋競渡

丹鳳朝陽

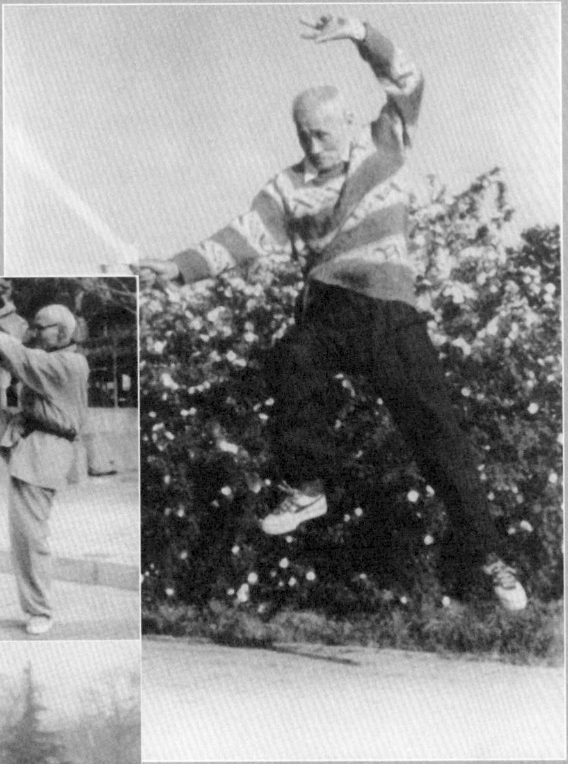
猛虎躥山

禹門激浪
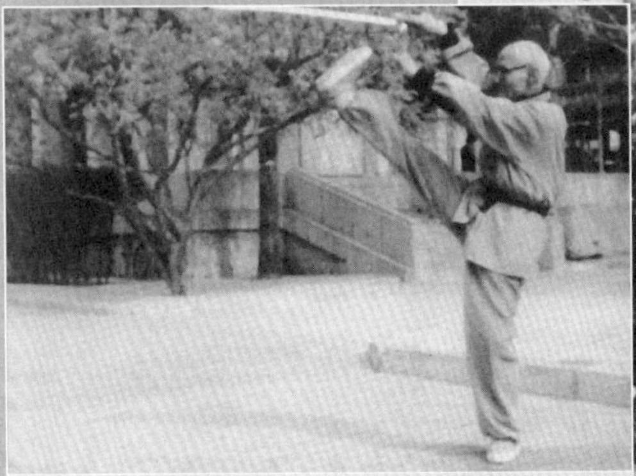

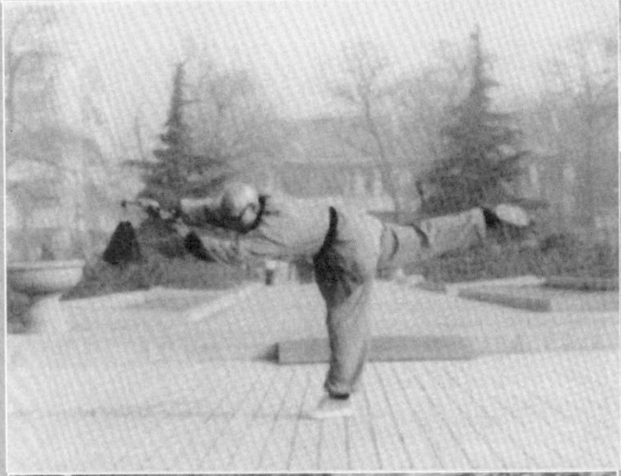
鳳凰展翅

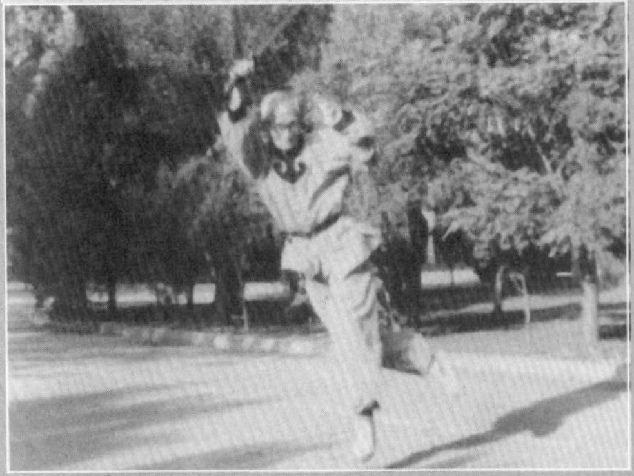
連仲三元

王恩盛先生正致力於「武當劍魂詩畫」
的創作中

寒芒沖霄
詩曰：
氣貫山河雪漫天，銀台劍舞樂自然。
汗漫衣衫數十載，今朝方定畫中緣。

白蛇弄風
詩曰：
白蛇弄風鬧竹林，朱衫劍影難徑尋。
一物飛來身不動，卻是驚蛇救麗人。

大鵬展翅
詩曰：
大鵬展翅比翼飛，人生難得搏幾回。
少壯堅習文和武，白髮方了畫中圍。

美女穿珠

詩曰：

海底尋珠慧目張，豐姿婀娜俏身藏。
碧海深處劍輕點，巧取雙珠似探囊。

指日高升

詩曰：

揮毫醉寫意形鮮，指日高升劍影懸。
上點晴雲下沐雨，朝霞萬里盡甘泉。

雲龍探爪

詩曰：

雲龍探爪莫休閒，霧海尋珠苦亦甜。
光華丹照癡求子，腦體平衡似少年。

刺虎斬蛟

詩曰：

刺虎斬蛟戲猶酣，玄武奇功挽巨瀾。
狂歌一曲沖宇宙，繞天三日昧盈然。

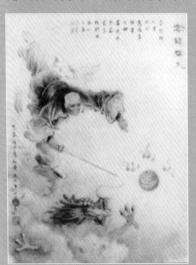

2003年~2005年，王恩盛先生在比賽與表演中所獲獎杯與證書

2004年在全國第13屆群星美術展上，作者的「武當劍魂詩畫」獲優秀獎

作者所繪製的武當劍圖譜在《武當》雜誌上連載

王恩盛先生接受媒體採訪

《天津城市快報》對作者
的新聞報導

天津《今晚報》對王恩盛先生的採訪報導

天津《今晚報》的新聞報導

文武合璧　畫劍映輝（代序）

——寫在《六路真跡武當劍藝》出版之際

　　欣聞王恩盛老先生的《六路真跡武當劍藝》一書很快就要出版了，我爲之十分高興。王老早就請我給該書寫個序，我沒承諾，只給他書寫了一副對聯，以表祝賀。爲啥，我並非有太高的身份和名氣，給人家寫個序未必就能抬高人家的身價。其實人家的著作才是人家的真正價值。其次，張三出書忙著給張三寫序，李四出書忙著給李四寫序，這種愛出風頭的事不是敝人之好爲。但事到臨頭，王老先生和出版社建林兄都再三托我寫序，我再扳架子就實在不識抬舉了。

　　對於王恩盛先生，我是從早年《武當》雜誌發表《武當劍》文得聞其名的。那時我還未調入武當雜誌社，只是個特邀編輯。那時給我印象最深的就是王恩盛先生爲《武當劍》所畫的插圖。大家都認爲，該插圖一是繪畫技藝高，二是動作連接性很好，三是標示的運動路線非常科學而明白，是國內武術書籍中極少見到的優質插圖。後來才知道插圖作者原本就是武當劍傳人。

　　正式跟王老認識也就是近七八年的事吧。自從跟王老認識以後，才對王老逐步有了更深的暸解，特別爲他對武當劍的執著追求的情感和精神所感染、所打動。

據知，王恩盛先生是天津第一代連環畫畫家和年畫家，上世紀 50 年代他創作了大量作品。正是由於傾心創作，用腦過度，他患了嚴重的失眠症和其他病症。

1953 年，當他正爲身體所困擾的時候，一個偶然機會，在西安道復興花園遇到孟曉峰先生在教授太極拳，他提出拜師學習，孟先生就答應了。經過兩年的勤學苦練，他的健康狀況大爲好轉，學練也更加勤奮。孟先生透過對他的留心觀察，決定把珍貴的武當丹派劍法傳給他，並囑咐他將來有機會可把此劍法繪成圖譜傳於後世。自此以後，王恩盛先生便與武當丹派劍法結下了不解之緣。50 年來，雨露風霜，酷暑嚴寒，沒有間斷他對武當丹派劍法的習練，劍法的演練也從當初消除疾病，強健體魄，逐步進入到陶冶身心，追求至美至妙的一種特殊境界中來。

就我二十餘年來對於太極拳的研究，特別對於張三豐先天太極拳法的研究和實踐後深刻感受到，以太極拳爲代表的內家武術，「打」到一定階段，「打」的就不再是武術，「打」的就是一種文化，「打」的就是一種精神境界，「打」的就是一種對天人之道的感悟，「打」的就是一種對生命真諦的默契。

那種舒愉，那種逍遙，那種美妙，那種自由自在，是無法用語言可以表述的。凡進入到這一境界者，無論拳法、劍法，必然會窮其一生，與之生死與共。拿武當丹派劍法的行話說，這就是「神、劍、身合一」，劍已成爲生命的靈魂。你說王恩盛先生怎能與之分開呢！

十幾年前，王恩盛先生爲《武當劍》發表作線描插圖時，突然萌發出一個「武爲文而閱，文爲武而讀」的奇思妙

想。他要由手中的畫筆，把自己對習練武當劍的感悟用藝術展現出來。

十幾年來，他將武當劍的主要式子，用一幅一幅圖畫表現出來，他的絕妙之處是，畫中的舞劍者就是他自己的形象，而劍法招式表現的就是種種不同的感悟境界，飄逸處畫中人鶴共舞，凌厲處虎吼劍飛，浩蕩處萬里奔雲，霞光滿宇……而且每幅畫還配以自己創作的詩句，讓人觀其畫，讀其詩，自然會隨作品進入到一個身心超脫、精神昇華的境界。這些，就是作者所要追求的效果。這些年，他的這些作品先後在《今晚報》《老年時報》《武當》《武魂》等報刊雜誌選登發表，也參加過天津市舉辦的一些美展，深得好評。

以「武當劍魂詩畫」而創作，最終能作為文、武、藝融合的特殊作品正式出版，給社會給後人留下一筆有價值的文化財富，這是王老先生的最大心願。

如今，經過不懈的努力，這個心願終於如願以償，我真為王老感到高興，也為武術和文化寶庫中又增添了一顆耀眼的珍珠而感到高興。

拉拉沓沓一些話，權作為序，以復再三之托。

譚大江
草於武當山下蟄龍居

作者介紹

　　王恩盛，別號幻夢堂主，北京市人。1921 年生。幼年讀書時，興趣廣泛，酷愛美術、音樂和體育。承美術老師潘蘊珊啓蒙，獲益頗多。後受當時畫壇大師如蔣兆和的人物畫、徐悲鴻的素描、金梅生的年畫、華特·迪士尼「米老鼠」動畫的影響走上繪畫道路。取各家之長，廣泛學習，20 歲時自設「恩盛畫室」，奠定了一生創業的基礎。

　　新中國成立後，先後爲設在天津的私營「中聯書店」和各地美術出版社從事連環畫及年畫創作，爲國家的文化藝術宣傳貢獻良多。創作連環畫作品如《沙漠裏的戰鬥》《紅軍女戰士》《古麗婭的道路》《保衛延安》《大敗拿破崙的俄羅斯名將———庫圖佐夫》等三十部，年畫作品如《送給毛主席》《合作有餘》《中蘇友好世界和平》《看誰數得對》《互助學習》等二十幅，其中年畫作品《鍛鍊吧，孩子們》榮獲文化部舉辦的 1957 年全國青年美展三等獎。

　　1953 年拜老師孟曉峰名下爲徒，學習太極拳、伏魔棍、太乙雙劍、武當劍，尤其對武當劍獨有情鍾，50 多年從未間斷。除了自己演練健體外，還熱心宣傳、推廣和展示武當劍術。

　　1989 年開始著手整理武當劍資料。爲了完成老師的囑

託，不顧年邁，辛勤工作，創編武當劍圖譜400多幅，並由別人配文發表在《武當》雜誌上。又費時數載創編《武當劍魂詩畫》系列，部分詩畫刊登在一些報刊、雜誌上，有的還參加了各類美展並選編在畫集中。

在長期習練和研究武當劍術的過程中，對歷史悠久的中華劍文化又有了深刻的認識與體會，提出了「武爲文而閱，文爲武而讀」的觀點，這一觀點首先在《武魂》雜誌上發表並得到認同。

2002年參加天津市「榮發盛杯」傳統武術比賽，榮獲甲組器械一等獎和老壽星特別獎。

2003年獲得「天鐵集團杯」傳統武術比賽武當單劍比賽第一名。

2004年獲得「武協杯」太極拳錦標賽壽星組傳統武當劍一等獎。

已是高齡的王恩盛老先生近年來還先後多次接受天津媒體的採訪，電臺、電視臺和報紙以各種形式加以介紹。天津電視臺「體育人生」「民間奧運」欄目以人物專題形式對外播出，電臺播放了人物採訪錄音，《今晚報》《天津市老年報》《天津青年報》刊登了記者們的專訪。

作者現爲：天津市文史研究館館員；
　　　　　天津市美術家協會會員；
　　　　　天津市政協書畫藝術研究會會員；
　　　　　中國武術協會會員；
　　　　　武當拳法劍法研究會會員；
　　　　　武當劍魂詩畫創研人；
　　　　　武當劍第十二代傳人之一。

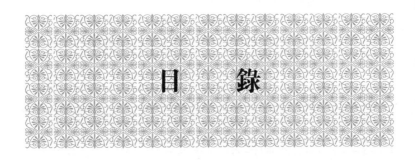

目 錄

我的劍緣與詩畫情

　　1953年，我爲各地出版社提供連環畫和年畫創作時，因用腦過度，得了嚴重的神經衰弱失眠症，徹夜難眠，到處尋醫問藥，效果甚微。後經中醫針灸治療方有好轉，我又見到了希望。

　　爲了增強體質，後經朋友介紹，在和平區復興花園内，我幸遇恩師孟曉峰，遂拜其門下爲徒，悉心學習太極拳、伏魔棍、太乙雙劍等。老師口傳心授，躬親示範，我是細心學習，動作到位，風雨無阻，刻苦追求，並與師兄弟切磋技藝，下雨時我也是在花園的茅亭内一人鍛鍊，不敢懈怠。

兩年過去了，我終於將楊式太極拳學到手，體質隨之漸入佳境，同時又將太乙雙劍、伏魔棍也學到手。透過老師的教導，我對習武完全入了迷，使老師大喜過望，對我特別器重。因爲我悟性較高，又勤奮，加之能寫、能畫又能創作連環畫、年畫和肖像畫等等，也就使老師對我更加厚愛，寄予很大期望。

　　有一天，在花園中，師兄將我叫到身旁並低聲細語對我說：「王兄，老師看中你了。他在旁細心觀察了你兩年，認爲你是將來惟一能夠接好班的弟子。他特別叫我來問你，老師那兒還有一手輕易不向外傳的絕活，那就是把即將失傳並由『神劍』李景林大師那裏學到手的珍貴劍藝———武當劍6路132式的絕密單劍，欲將這套絕劍傳授給你，你學嗎？」我聽後都驚呆了，感覺如獲至寶。

　　我忙說：「怎麼？老師手中還有如此絕活，他這樣器重於我，怎能不學？請師兄趕緊告訴老師，我不但要學，還得把它學好、學紮實、學徹底，這樣才能對得起老師對我的信任和栽培，不學好此劍誓不甘休。」

　　此後，我開始步入學劍的里程並與武當劍6路132式結緣。老師將早已準備好的沉甸甸的竹劍從布袋中拿出來交到我的手中。此時，我的心中有一種說不出的新奇與自豪感。

　　竹劍是由兩片竹板削好對接而成，並用螺釘撐好固定，非常光滑、細膩，色澤老到。另有一種是單片竹子削好製成，上面寫著密密麻麻的字，仔細一看，寫的是武當劍六路一百三十二個劍式的動作名稱。這是爲了弟子學劍方便，免得遺忘而特意寫上去的，好記也好學，可見老師用心之良

苦。老師語重心長地告訴我：「此劍藝是由第十代『神劍』李景林大師之手得之，十分不易，外界鮮有人知，非常珍貴。把握後千萬不能撂，將來好往下傳，別丟失。」我向老師發誓：「我一個星期學一個招式，不紮實、不熟練，我不往下接招式。」老師聽後心中大喜，點頭微笑：「孺子可教也。」

在教學中，老師經常向我講解劍中意義。如劍中三個調息起式，一是「虛靈調息」，要你靜下心態，空靈思想，排除雜念，調節神經；二是「意灑乾坤」，要將美好的願望和道德理念，灑向一望無際的天地間；三是「二仙傳道」，雙手交接劍意味著將武當道家精神，傳遍祖國大地。老師對起式的講解，將我引入勝境。此時我的頭腦中充滿了夢幻般的情感和幻想，看到劍上詩情畫意般的名稱，更使我感到此劍的神秘性、深奧性和它的魅力，給我帶來美好的嚮往和健康。

前三個起式都學扎實了。劍的第四式，名叫「日透長虹」。它的名稱與劍勢簡直就是一幅美麗的圖畫：雨後天空閃現出一道七色彩虹，點綴在那充滿生機的大地上。老師右手持劍，劍在頭頂上橫旋，他右腳輕墊，左腳用力彈跳騰空，跟著右手翻腕撐劍刺向蒼穹，雙腿隨之疊步輕輕落地成坐盤。這乾淨俐索的動作使我大開眼界，這剛柔相濟，動靜結合的優美勢態使我心身愉快，無比愜意，並且產生了說不出的一往無前的動力，這真是美的化身，太有誘惑力了。

在這紮紮實實的學練中，我又度過了兩個春秋，終於將這 6 路 132 式武當劍學到了手，老師對我的成績很滿意。我還經常與師兄們相互探討劍中之道，讓自己向更高的目標前進。老師見了心中欣喜，備加稱讚，就這樣，不知不覺中幾年過去了。

每到年節，我都必到福壽別墅老師的家中去拜望恩師，並感謝他賜給我的健康。

一個有紀念意義的日子來臨了，那就是以前老師囑託我，叫我為他畫一幅肖像畫留做紀念的事，我聽後銘記在心，如期繪製完成。

這一天，在碧桃盛開、鳥語花香的復興公園中與老師晨練後，我將畫好的 24 吋的老師肖像，展現在老師面前時，他吃驚地說：「太好了！太像了！想不到你的畫藝如此惟妙惟肖，實在難得。」他將肖像畫收好後，臉上露出既滿意又肯定的神態，同時他那有力的雙手又從布袋中取出一個用紙封好的物件送到我的手中說：「這是為師傳給你的一些舞劍資料。」我聽後心中既興奮又激動。當我把封包打開之後，更是使我吃驚：一本珍貴的武當劍 6 路 132 式的劍譜名稱

和招式動作介紹、兩個放滿膠捲底片的小圓盒、幾十張老師舞劍照片和一份極為珍貴難得的心得資料。

我見到這些寶貴的留傳物品之時，心中非常激動，眼睛濕潤，喉嚨哽咽，簡直無法控制我的思想感情。

老師語重心長地對我說：「為師將這些保存多年的資料傳交給你，是對你寄託厚望，認為你是大有可為的接班人，希望你再接再厲，成績卓著。你能寫、能畫，能創作，實為難得之才。將來有機會將其創繪成劍式圖譜，發表或出書，以完成師願，傳於後世。為師思想並不保守，其中還有些欠缺，需逐步改進，使其更加合情合理、優美完善，達到更高境界。」

老師一再囑咐：「招式要儘量到位，千萬不能撂。師父領進門，修行在個人。」「你的前途無量。」這些擲地有聲的教導之言，至今仍迴響於我的耳邊。

幾十年來，即使是在那些坎坷的日子裏，我也沒有放下

我心愛的武當劍。

1988年我開始著手整理先師留給我的武當劍6路132式文字劍譜，嘔心瀝血創編繪製了「武當劍圖譜」約400幅，費時將近半年。說明文字由別人配寫，首先發表在1989~1990年的《武當》雜誌上。由於這套圖譜完全由我親自刻劃，所以劍的線路交待清楚，一目了然，舉手投足，完整無缺，頗受人們的關注，稱之爲國內武術中極爲少見的優等插圖。

挖掘、搶救、整理武當劍這一寶貴遺產，是需要耐心和工夫的。由於編繪時間緊，有些倉促，這套圖譜和內容在今天看來還有不少欠缺和不足。近些年來，我不顧年邁，花了不少精力與時間，繼續投入到研究和探索武當劍藝上。全力投入又使我對其有了更全、更新和更深刻的認識與體會，更覺其奧妙無窮，因此，願意寫出來與大家分享。

武當劍6路劍藝不僅是武術，也是一種文化，是藝術，是美的象徵。

僅從劍譜名稱就可以看出它內涵深厚的民族文化底蘊。

如「玉女浣紗」「驚蛇入草」「飛鳥出林」「猛虎躥山」……這些譜式名稱，既精煉而又生動形象地概括表現了其劍勢的婉轉、柔美、凌厲、快捷，同時還散發著濃郁的文化氣息。

「驚蛇入草」原是形容書法的古名句，比喻草書的筆勢矯健快捷。此式在舞劍時盡可想像，你手中拿的不是武器，而是運用自如、行走如蛇的一支大筆，劍姿所演繹的剛健高亢之風、瀟灑飄逸之態，就是這支筆的新作。它在這片大地上，寫著最新最美的文字和圖畫，這是多麼美妙的一種忘我

此文為先師生前對武當劍的贊詞

的境界啊！

　　劍技再也不是僅僅的擊刺、進攻和搏殺。它還有更豐富的內容需要後繼者去研究、去探討。它是悠久的歷史，是源遠流長的文化，是我們中華民族的「國寶」。我們必須把它繼承、發揚、創新、流傳下去。一種崇高的責任感在我心中油然而生。

　　我把文化、藝術與美學觀點融於劍中，那就是「劍為文

用、劍爲美用、劍爲舞用、劍爲畫用」。在我的「武爲文而閱、文爲武而讀」這一觀點指導下，我創作了《武當劍魂詩畫》系列，我的思想昇華了，我的武當劍融入了更多的夢幻般的思想內容和境界。

因此，我決定重新創編武當劍全部譜書，用一種新穎構思和獨特的視角來再次解讀「武當劍」這部大書。

我特意將費時數載創作的《武當劍魂詩畫》若干幅插嵌書中，向讀者介紹並充實此書內容。原來編繪的劍姿走向示意圖，現在完全改爲我親自舞練的照片，更加細緻完美、清晰到位，並且更富於情感夢幻。旋律陶醉的箭頭走向示意圖，使讀者、學員看得更爲眞切。這套從先師孟曉峰手中接過並融入我個人 50 年心血的劍技，希望能成爲文武兼修、別具一格的 6 路 132 式武當劍的新鋒。

今逢盛世，武林百花盛開、爭奇鬥妍；武壇英雄輩出、欣欣向榮。我謹以這本《六路眞跡武當劍藝》一書來告慰先師：「師願，弟子已完成。您老盡可瞑目矣。」並將先師肖像畫敬呈書內。

看著已完成的書稿，已進耄耋之年的我，甚感欣慰，安矣！足矣！

我已 84 歲高齡，因受年齡影響，有些動作，雖力求完美，但不夠到位，不足處請讀者原諒。

武當劍 6 路 132 式第 12 代正宗傳人

幻夢堂主　王恩盛

第一章
武當劍的歷史源流和風格特點

第一節 武當劍的歷史源流

中國劍術歷史悠久，源遠流長。

一、獨特的中華劍文化

從先秦到西漢至唐宋，形成劍術的高峰期。這一時期，不少文人墨客對其有過不少描述，在流傳下來的詩文中屢有記載，尤其在詩歌中反映最甚。有的還把劍術與民族精神、報國志向聯繫起來，「醉裏挑燈看劍，夢回吹角連營」「拔劍欲與蛟龍鬥」「灑闌插劍肝膽露」……從詩句中透露出的豪情壯志直沖霄漢，至今還激勵著我們中華兒女。談詩論劍已成為士人的一種時尚，形成了中華民族獨特的劍文化，並以不可阻擋之勢，滲入到社會的各個層面。

儘管時勢變遷、朝代更迭，也沒有能遏止劍術的發展，劍術在漫長的歷史變遷中顯示了其強大的生命力。它迎來了一個又一個高潮。

二、武當劍產生的歷史背景

明朝是中國劍術發展最重要的一個時期。在這一期間中，劍術無論在理論的研究、技擊的實踐還是在內容形式上都產生了質的飛躍。這是各嫡傳門派在其發展中不斷學習、繼承劍派的結果，是長期的歷史積澱注入新的活力後所產生的必然。

不同的流派產生了，且都有其自身鮮明特點，劍壇呈現出空前繁榮之勢。各路劍術爭奇鬥妍，而聞名天下的武當山護山之寶———武當劍也正是在這一時代中產生。

(一)武當劍創始人———張三豐

武當劍的創始人相傳是元末明初的遼東人張三豐。

「張三豐真人，名君寶，字玄玄，元季遼東懿州人。好道善劍。」這是《道統源流》一書中的有關記載。久在武當山修行養性，習練劍術的張三豐，在道門和民間傳授武當拳功，所傳道派甚多。道門拳功是道士們修煉內丹所必不可少的動功，煉丹修術必傳拳功和掌握拳藝的真諦，這正是武當拳功在道門承傳延續的根本原因。因此，歷史悠久的武當拳名揚天下。然而在傳統上人們的認識，是武當道教的劍術比武當拳的歷史更為悠久。傳說是張三豐為護道降魔而創立的一種劍法。它不僅歷史悠久，而且內容十分豐富。此劍術乃武當的鎮山之寶。

民間有不少的傳說、故事，更增添了其神秘性，是武林中公認的秘傳絕技。據說武當劍是單線相傳，那麼，由張三豐所創的武當劍的承繼人的情況如何呢？

根據目前所發現的資料，比較完整的記載出自 1922 年由宋唯一大師所撰寫的《武當劍術》。書中有「武當丹派劍術系譜序」。正是這個系譜序，為我們揭開了武當傳人的一些情況，讓我們能順著歷史去瞭解武當劍的淵源。此系譜記敘了第一代傳人至第八代傳人的一些情況。第九代傳人就是該書作者自己———宋唯一大師。

　　由此可知武當劍一至九代師承關係為：

武當劍創始人師祖：張三豐

↓

第一代傳人：張松溪（明）

↓

第二代傳人：趙太斌（明）

↓

第三代傳人：王久成（清）

↓

第四代傳人：顏昔聖（清）

↓

第五代傳人：呂十娘（女）（清）

↓

第六代傳人：李大年（清）

↓

第七代傳人：陳蔭昌（清）

↓

第八代傳人：張野鶴，雅號碧月俠（清）

↓

第九代傳人：宋唯一（清末民國初）

以上師承說法是流傳至今較為完整和系統的看法。

在民間還流傳有另一種說法

師祖張三豐

↓

傳人佚名（歷史上沒有記載姓名）

↓

黃百家　甘鳳池　郭濟元

↓

陳世鈞

↓

李景林

↓

……

　　這裏有一段傳說。據傳，大俠甘鳳池墓內有一劍譜，被人開墓後取走，後被李景林買到手中。李得到此劍譜後，如獲珍寶，苦心研究經多年研練，使其劍法達到了出神入化的境界。

　　還有一種說法：

　　李景林壯年時遨遊塞外，遇到一個奇異之人———安徽籍的陳世鈞先生。陳先生沉默寡言，出沒無蹤，冬夏一衲（注：和尚衣），係武當嫡傳，能天盤、地盤、人盤劍術。李景林跟其學習數年。復習太極拳、中平槍、摔角等技。當時正值清末，國勢日衰，李欲走保定習陸軍。陳先生曾規勸他：「汝宿根頗厚，且與余有緣。今既習人盤劍，若繼之以地盤、天盤各劍術，則吾業可傳，劍俠可成……」當時李景林報國心切，決意告別陳先生，投報保定

陸軍速成學堂。後執戈躍馬，決勝疆場。在軍中常以技擊諸術親授將士，閒暇時還教自己家人，故其家人多能劍術。後當他主持中央國術館工作以後，京滬人士才得以親眼目睹李景林驚人劍術，競相傳述。

幾種說法雖有所不同，但武當劍術最終都傳於現代李景林手中是確鑿無疑的。多半個世紀以來，武當劍術以它獨有的風姿，洗練而飄逸的動作，剛柔相濟、攻防兼備的技擊，強身健體的作用蜚聲海內外。對此，李景林功不可沒，他是武當劍術能發展至今的承前啟後的關鍵人物。

（二）武當劍第十代傳人———李景林

據先師講，蜚聲武壇的李景林生於清光緒十一年（1885 年）農曆三月二十八日，字芳宸，芳岑。本為王姓，世居河北棗強新屯鄉王新屯村。兄弟五人，伯仲叔（兄弟排行一、二、三）皆經商於故里，季（兄弟排行為四）早歿。李景林最小。因曾祖父幼年到河北棗強西七吉村過繼給舅父，改姓李。

李景林年輕時，曾參加過清軍學生兵「育字軍」。因他自幼得父親之傳授，學習過「燕青門」及「二郎門」等多種流派武術，功底極好，受到當時的管帶（清朝時的武官，管轄一營之兵，相當於營長）、武當傳人宋唯一的器重和寵愛，並單獨秘授其武當劍術。20 世紀 20 年代，李景林已是奉系軍閥張作霖的高級將領。1922 年駐守錦州，其部下丁齊銳駐軍北鎮、遼寧北鎮正是宋唯一的家鄉。丁偕家屬借用的民房，其主人恰好是劍俠宋唯一。丁齊銳當即把情況報告給師部。少年時的老師就在眼前，李景林高

興異常，遂帶身邊的四大親隨弟子登門拜訪，並在繁忙軍務中抽時間繼續向老師求教，掌握武當劍法之精髓。隨後宋唯一將自己所著的《武當劍譜》《劍形八卦掌譜》《道家修道錄》送給李景林。李景林後來又再次邀請老師到天津傳授劍術。此時的李景林在武當劍術上達到了一生中的頂峰，而武當劍術也逐漸披露於世，向民間傳播。

在軍界下野後，李去濟南，任中央國術館館長。1930年國術館的創建，為李景林大力普及和推廣武當劍術創造了良好的環境與條件。為更好地打開局面，李景林還聘請了河北完縣聞名四海的著名武術家、武林中素有「虎頭少保，天下第一手」之稱的孫祿堂任副館長兼武當門門長。

這期間，他以重金禮聘國內名師聚其門下，共同鑽研武當劍法，並做了非常有意義的一件大事：為武當對劍劍勢定名。

對劍十三勢定名為：抽、帶、提、格、擊、刺、點、崩、攪、洗、壓、截、劈。

這次定名可以說是劍藝發展又一里程碑，為劍法稱謂奠定了基礎。

他還重新編排了在當時更有進擊、防衛等實用價值的多種武當對劍劍法套路，如《武當對劍》《活步對劍》《散劍法》等。

李景林的 6 路 132 式單劍傳人不多，因此，長期以來鮮為人知。這套單劍是在對劍基礎上創編的。本書所要介紹的就是這套武當單劍。

1936 年，在柏林奧運會上，我國武術隊表演武當劍，轟動了國際體壇。

可以說，李景林是武當劍術的一代宗師，是武當劍術的繼承、創新、發展的關鍵人物。他承前啟後，為武當劍的發展與提升，普及和推廣有著巨大貢獻。

（三）武當劍第十一代傳人之一孟曉峰

孟曉峰（1883～1977），河北固安人。幼入行伍，半生戎馬生涯，為馮玉祥將軍麾下，與李景林曾是同僚，交往甚密。1928 年參加全國武術擂臺賽，遂引起武壇注目。

1930 年李景林赴濟南聯繫籌建中央國術館之事，下榻於山東省政府長官府邸。當時省主席是韓復榘，孟曉峰時任省主席副官長。老友相逢重聚，共謀建館之大事，甚是投緣。李景林遂將武當劍術單劍全套 6 路 132 式全都教授給孟曉峰。

自此孟曉峰聞雞起舞，寒暑不輟，終得其精髓。退出軍界後，到天津隱居，專門從事武當劍的研究，造詣頗深。他曾將自己觀劍與練武的心得寫於弟子王恩盛，說：「武當劍技藝高強，被譽為『神劍』，每想一睹為快。嗣後，觀其實地表演，氣度安詳，風神飄颯，步法穩健，倏爾綿軟上下，進退穿插反轉，身劍如一，閃展騰挪，疾徐相稱，如影相隨。至於其神出鬼沒之動作，灑脫自然之姿雄更是難能可貴，無與比倫，使人一見神往……」這裏所觀表演之人想來就是李景林吧！孟曉峰還提及一人就是于化行，他們曾一起詳細分析、解釋、研究這 6 路 132 式各式的名稱，感受深刻。

孟曉峰寫道：「經于化行同志細心指導，詳為分析並解釋其各式之名詞百有餘式，由此益感其形式優美，名詞

雅致，不但形式與名詞相吻合，而且動作整體無間，真乃套路豐富，字字珠璣，可稱一絕。致使我半生留戀，愛不忍釋！因此我曾勤學，苦心琢磨，竭力鑽研，儘管水準甚低，但不揣簡陋，謹依老師之指示，照樣畫葫……」

為了使武壇瑰寶得以流傳，他不僅致力於研究，而且還躬親示範，授徒傳技，廣播桃李。

現在我的師兄弟中除已去世的之外，多數雖然年事已高，但至今仍練武不輟且桃李滿園。

孟曉峰除傳授武當劍外，他還精通伏魔棍、太乙雙劍、太極拳等，垂暮之年，他從事整理武當劍，曾設想再重新編排一套「武當對劍」，因種種原因沒能完成。但他將自己保存多年的 6 路 132 式武當劍譜文字、武當劍對劍招式的設想提綱、幾十張個人的劍姿照片及兩卷底片交給王恩盛，希望弟子能完成老師的夙願，傳於後世。

孟曉峰老先生於 1977 年辭世。享年 93 歲。

第二節　武當劍的風格特點及有關要求

一、武當劍的風格特點

(一)單劍與對劍

由李景林承繼並發展的武當劍有單劍舞練和雙打對劍之分。兩種劍法同屬武當，但在性質、形式、使用與節奏上並不相同，好似一文一武，不能混為一談。

區別之一：

單劍為舞，對劍為武打，這是兩種不同的形式和性質，使用上是有差別的。單劍發展到今天，強體、健身的作用更為突出，它可以配以音樂，其節奏快慢全憑個人感受、體質與年齡來支配。而對劍需二人配合，分手下、手上，目的是進擊、搏殺和防衛。

區別之二：

武當劍傳到李景林之手後，他把當時武林一些名師邀其門下，致力於對武當劍法的研究，在對劍的進擊、攻防習練的實踐中，把對劍劍勢的技擊方法定名為「武當十三勢」，有抽、帶、提、格、擊、刺、點、崩、攪、壓、劈、截、洗。在中央國術館，李景林大力推廣，絕大多數人所習練的乃是對劍。

單劍是在這套對劍的基礎上編出的適合於單練的武當劍套路（另一說法是在單劍基礎上創編出對劍。我個人觀點趨於前者）。

這套單劍有傳下來的極為優美的劍譜，其劍式名稱132個，始於起勢的「虛靈調息」的內在心理準備，止於收勢的「清靜依然」，內心回歸在動與靜、快與慢的變化中，充分展示精氣神魂，內外功夫，最後達於身劍合一的狀態。

據我現在所知，李景林的這套單劍承繼者不多，這也正是此套秘傳單劍多年沉寂的原因。也是十幾年前我編繪的劍譜圖發表，劍譜問世後受到武術界廣泛關注的原因之一。

（二）武當劍譜動作名稱的文化氣息

武當劍譜中的動作名稱蘊含著濃厚文化氣息和浪漫主義色彩，具有很高的美學價值。

這套6路132式單劍劍譜，一經問世便引起人們極大關注和興趣。它運用了大量的成語、典故來做譜稱，給舞練者以極廣闊的想像空間，令人稱奇，拍案叫絕。劍式招式的運行與劍譜中成語、典故巧妙而又完美地結合在一起，更增添了劍藝的神秘與深邃。從中，我們可以窺到泱泱中華歷史文化的點點精華，真可謂別具匠心。

自然界山河湖海的博大氣勢；風雲雷電的變幻莫測；飛禽走獸的靈巧勇猛；花鳥魚蟲的閒適恬靜均表現其中。

如「玉女浣紗」「風花雪月」「柳岸鶯梭」的婉轉；「禹門激浪」「力剗恨石」「中流擊楫」的豪邁；「驚蛇入草」「飛鳥出林」「風馳電掣」的迅捷；「獅首迎風」「投鞭斷流」「石破驚天」的膽識……在劍譜中展示到極致，像小夜曲那般舒緩，令人魂牽夢繞，充滿期待；如搖滾樂那麼激蕩，令人情緒振奮，充滿活力；又似渾厚的交響曲那麼凝練濃重，令人仰目沉思，充滿大家風範。

這就是武當單劍。演練時，它已不只是劍，它還是筆，是指揮棒，是壯思飛揚的夢幻。

當人們沉浸其中時，那種美的享受，那種浪漫主義的情懷，那種馳騁天地宇宙的興奮，是難以用筆來形容的。

（三）動作的靈活與招式編排的靈活多變

武當單劍是具有極大靈活性的一種劍術。

它的靈活體現在兩個方面。

一方面，是動作的靈活多變，具有 132 個招式，在眼法、步法、腿法、劍法上都有很高的要求，舞練起來是上下翻飛，平衡仰俯，坐盤臥魚，躥蹦跳躍，宛轉迂迴，動作異常靈活。

僅步法就有：馬步、點步、貼步、插步、疊步（坐盤）、跟步、退步、弓步、躍步、躥步、碾步、翹步、坐步後跟、坐步前點、燕式平衡獨立步、叉步、後撤插步、僕步、橫跨步、行步、八卦步等。

腿法有：蹬腿、擺腿、踹腿、踢腿等。

對劍進擊的技擊十三勢劍法也在單劍中得到體現。除此之外，我個人演練單劍多年的積累，還有一些劍法應提出來。比如：擰、旋、推、穿、抱、攏、扣、撩、掃、撥、挑、抖、雲、左圈、右繞等等。

這些步法、腿法和劍法經過大師的巧妙安排和合理佈局，顯示出它靈活多變、和諧優美的特點。劍路運行的線路同樣也呈現出曲線、弧線、S 線、8 字線、螺旋線、如意雲紋線的走向變化，令人眼花繚亂，美不勝收。

另一方面，是套路、招式的編排靈活多變。

孟曉峰老師曾對我說，當初李景林研究此劍時，真是煞費苦心，絞盡腦汁，每次演練都會給人以全新的感受，讓人覺得神秘莫測。他的秘訣是什麼呢？

原來，李景林演練時，特意將每一路 21 式任意穿插、前後顛倒。比如：一至六路，每路 21 式，可將第六路放在首位成六、五、四、三、二、一各路首尾相接，也可變為六、四、二、五、三、一，或一、三、五、二、四、六首

尾相接。總之，每路 21 式的招法是固定不變的。各路的首尾可任意變換，相互銜接，變幻無窮。要想做到技藝嫻熟，可不是一件易事，若每天變換演練劍路，則需要 36 天才能將此劍倒換完畢。這六六三十六套武當劍真正達到了劍無定法、出神入化的地步。當人們能達到這地步時，才稱之為完整無缺、嫻熟無比，真正感受此劍乃劍中神品。在當時的社會，別人偷藝都很難矣。

演練的劍招是如此靈活，由李景林親自傳給孟曉峰，孟老師視為珍藝而藏於身，他又親傳於我，足見其對我的信任。

二、學練武當劍的有關要求

(一) 習練武當劍的注意事項

1. 練前應稍吃些早點，或在吃飯半小時後再練，或以自身習慣為準，否則有傷身體。

2. 夏季鍛鍊時，場地應選擇陰涼之處，避免曬傷皮膚或中暑。冬季應選擇背風朝陽處，以防著涼。霧天應儘量減少鍛鍊，空氣污染較重時有傷身體。

3. 冬季鍛鍊時，應準備兩條毛巾，用子母扣將毛巾上端兩側相互縫牢，套在頭上放進前胸和後背，像背心一樣用來吸附汗水，練後將其拽出，可以避免內衣濕透，防止感冒。此舉甚為有用。

4. 劍的選擇標準為，男性身材較高者可用三尺長、重約一斤二兩之劍，中等身高可用二尺八寸、重為一斤之劍，矮者可用二尺六寸、重約八～九兩之劍為宜，女性依

此類推，也可靈活掌握。劍的重心最好在劍格處，舞動時較省力，以免傷及腕部。

5. 練習前根據自己的身體和年齡，選擇各種基本功的熱身練習，諸如：蹲起、提腿、壓腿、踢腿、彎腰、轉腰、轉頸、轉頭、弓步、仆步、跨步、單雙腿彈跳等，由少而多，由低而高，由弱而強，循序漸進，切忌急躁，免得身體各部產生酸痛和肌肉疲勞、拉傷、扯傷、扭傷等，影響情緒。

俗話說「臺上一分鐘，台下十年功」就是這個道理。學練者要有耐心、信心、熱心、決心和恒心。每個招式練得特別熟練後，再接下式學練較妥。練時要以不累為原則，要科學合理地分配體力，不要興奮過度，要耐心對待，細水長流，水到渠成，自然成才。只要堅持，變弱為強，由生變熟，熟能生巧，百煉成鋼，到此時整體演練，再仔細推敲，你就會成為勝利者。

6. 學員應對美學旋律和構圖造型有所瞭解和認識。因為美的旋律都是由反差比例的「度」與「量」組合起來而產生的。諸如：快與慢、剛與柔、長與短、多與少、高與低、大與小、方與圓、輕與重、曲與直等。在不勝枚舉的相互對比中，又不斷發生著不同的變化，才能形成耐人尋味的劍藝術。學員在學習武當劍時，千萬不要把別的劍中全柔或全剛的態勢帶進此劍，否則此劍就會變得面目全非，非常不妥。望切記為要。

7. 此套劍路熟練後，青年人要求6～7分鐘打完，中年人8分鐘，中老年人9～10分鐘，老年人12分鐘。總之因人而異，夏季可準備一些水果和水，補充體內因出汗而水

分不足，以保心態平衡。

8. 學此劍要持之以恆，不要三天打魚兩天曬網，堅持就是勝利。

9. 如果身體的關節部位長骨刺或增生，有疼痛感，則應注意，免出意外。

(二) 武當劍6路132式的平衡規律

把握此劍中的132式的平衡規律很有意義，它是在單與雙、陰與陽、多與少的基礎上相互穿插、換位而產生的。

132式的招式編排也非常科學，乍看好似很長很難，實際在熟練後反覺其短，更感可愛。因為每個招式都有它的獨到之處，除幾個弓步之外，其餘均不相同而且多變，頗有新鮮感。身體各部的用力力度與時間的分配更是科學合理，均衡到位，調節有度。身體各部和神經，均無疲勞感、酸痛感和壓迫感，使你整體精神全都處於最佳狀態。每個招式只用兩三秒鐘，最多只用四秒鐘，每路21式用時一分半鐘左右。在百餘式中變換體位，其中包括站、蹲、歇、疊、坐、臥、弓、跨、跟、貼、提、仆、扭、擺、閃、抖等，這些不同的美感形象，促使學練者積極投入，無難可言，反覺其味無窮。在循序漸進的合理鍛鍊中，這套劍也就在你的身心中不知不覺地紮下堅實的基礎，並且獲得高品位、高體能、高素質和劍中的美學知識，使力度、量度、幅度和美度全都處於非常科學的平衡規律之中，這就是此劍與眾不同的優越之處，在平衡之中到不平衡，又從不平衡中恰到好處地找回平衡的平衡規律。

根據劍法、步法與手法，我總結出它的精華所在，它就像萬向軸承一樣任你來往。在此一併寫出它的四字劍訣如下：

　　剛柔相濟，瀟灑飄逸。錯落有致，參差不齊。
　　快慢相間，宛轉迂迴。前後呼應，上下相隨。
　　左右互轉，進退間離。陰陽異位，反正併依。
　　低有速起，高有緩急。起伏相聯，輕重互提。
　　仰俯開合，蹲仆各依。方圓合體，棱角斜離。
　　大小同劃，曲直融一。平衡獨立，坐盤臥魚。
　　抖擻乾坤，旋擰天地。踢蹬南北，踹提東西。
　　抻拉長短，扡拽急徐。躥蹦體輕，跳躍騰起。
　　抑揚明暗，頓挫實虛。

　　在演練中如能體會上述的平衡規律，就會感受到它的帥美奧奇。它那種板眼清楚、節奏明晰、淋漓盡致的美的感受，足以促使你成為一個武當劍迷。

　　習練此劍後將得到的是心身健康、腿腳如意；耳聰目明，語言清晰；丹田氣足、體力充沛；精神抖擻、笑容可掬；骨質堅實、充滿活力；樂觀豁達、年輕有餘。

(三) 學習武當劍的道德觀

　　學員們學練武當劍，首先要樹立一個正確的人生觀、高尚的道德觀和精神文明觀。現在有的人的道德理念非常缺乏。因而對於學劍、學拳要提倡武德，這一要求是非常有必要的。學員對於禮節、禮貌、道德、文化、美學等要有一個較為全面的認識，一舉一動使人稱讚，受人尊重，最終成為武當劍6路132式的德藝雙馨的演練者。

1. 必須真誠尊師、尊劍、尊友、尊人。

2. 懂禮義廉恥、忠實善良、仁愛智信、謹言慎行、虛心好學、熱心相待、有自知之明。

3. 不驕傲自大、妄自為師；不亂改劍法，畫蛇添足、破壞平衡；不沽名釣譽、剽竊侵權；不自作聰明、自以為是。

(四)武當劍132式運行線路示意圖的重要性

此劍的箭頭走向示意圖，是技術套路的一個非常重要的組成部分，因此必須細緻、精確和全方位地表現出它的前後左右、上下高低、大小方圓和舉手投足的呼應關係，否則的話就會對劍的板眼、節奏產生錯位，造成走形與不協調的失誤，更何談美感、韻味與出神入化的劍技。

此書中的全方位、具有韻律感的運行走向線路示意圖，是用我頭腦中的這根劍弦撥動而精心設計創繪出來的，我在繪製此圖時已經陶醉在這夢幻劍舞圖形之中了。劍路所表現的重要意義盡在其中。

我所宣導的「武為文為藝，而閱而學，文為武為練，而習而讀」的這一觀點，就是因為兩者之間，武者需要提高學識水準，文者需要提高身體素質，以及在體育、劍術方面的投入。兩者互補，文武平衡。我這些年對此的體會是非常深刻的。

1997年6月，《武魂》雜誌在插頁中特別推薦介紹了我的這個觀點，即「武為文而閱、文為武而讀」。這說明兩者之間的關係，得到了他們的確認與贊同。

第二章
武當劍的形制及握劍方法

一、劍的部位名稱

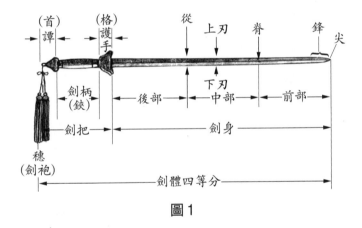

圖1

二、劍體方位名稱

1.立刃劍

圖2　刃分上下為立刃劍

2. 平刃劍

圖3　刃分左右爲平刃劍

3. 豎　劍

圖4　劍尖朝上爲豎劍

4. 垂　劍

圖5　劍尖朝下爲垂劍

三、劍指與持劍法

1. 劍指（劍訣）

圖6　壓指訣

圖7　開指訣

圖8　蒼指訣

圖9　蒼指訣

　　此劍指，由於年齡遞增，當七八十歲時，手指極易變形老化。此時手指很難挺直，但其外形蒼勁老到，要比壓指更富韻味與蒼勁，而我謂之為蒼指訣這一名稱，實為必要，不是錯誤。

2. 持劍法

圖10　左手持劍法　　　圖11　右手持劍法

四、劍的握法和用法

1. 正手立刃劍

手心向下，刃分上下。用於點、擊、刺、劈、崩、挑、掃、砍、削（圖12）。

圖12

2. 反手立刃劍

手心向上，刃分上下。用於托、撩、刺（圖13）。

圖13

3. 反手劍

手心向右，刃分上下。用於後刺、斜上刺、擰刺、反劍刺（圖14）。

圖14

4. 刁把劍

刃分上下。用於托、格、推、搪、架（圖15）。

圖 15

5. 正手平刃劍

手心向下，刃分左右。用於抽、拉、帶、掃（圖16）。

圖 16

6. 反手平刃劍

手心向上，刃分左右。用於抽、拉、帶、掃、抖、挑（圖17）。

圖 17

7. 反手斜刃劍

手心斜向上。用於格、撩、刺（圖18）。

圖18

8. 正手斜刃劍

手心斜向上。用於斜挑、抖、崩、圈、刺、擊（圖19）。

圖19

第三章
武當劍動作名稱和技術圖解

第一節　我國古代關於地理方位
　　　　的代稱

現代人表示地理方向位置的分別是東、西、南、北；而在古代，人們比較迷信，常以「四神」來鎮守四方，並冠以「青、白、朱、玄（黑）」而成為東、西、南、北的象徵。

青，即青龍，尊為東方之神；代表東方，以一條青龍為圖案。在我國，有歷史名鎮青龍鎮，還有青龍塔、青龍港等，都代表它們的位置在東方。

白，即白虎，尊為西方之神，代表西方，以一隻躍虎為圖案。因「白虎」常含有貶義，因此用其做地名的很少，常用於禁地之稱，如「白虎廳」「白虎堂」等。

朱，即朱雀，尊為南方之神，代表南方。以一隻飛鳥為圖案。金陵（現南京）有朱雀橋、朱雀街，長安（現西安）有朱雀門。

玄，即玄武，尊為北方之神，代表北方，一條蛇纏繞

朱雀

青龍

玄武

白虎

著烏龜,這個龜蛇合體就是玄武。南京玄武湖因其位置在鐘山之後而得名,而此湖在東晉初年被稱為北湖。

漢代的建築磚瓦就有以青龍、白虎、朱雀、玄武為圖案的瓦當,這些瓦當紋也就成為藝術裝飾的一部分,同時也寄寓著人們對平安的企盼。

第二節 武當劍套路動作名稱

預備式

起式一、虛靈調息 起式二、意撒乾坤 起式三、二仙傳道

武當劍正式起式

一、刺虎斬蛟	二、降龍除怪	三、蛺蝶穿花
四、日透長虹	五、猛虎躥山	六、迎門獻劍
七、玉女浣紗	八、黑虎舔襠	九、烏牛耕地
十、連中三元	十一、枯樹盤根	十二、白蛇弄風
十三、八面玲瓏	十四、飛鷂穿林	十五、老僧封門
十六、拂手拈香	十七、怪蟒出洞	十八、背後生風
十九、風擺荷葉	二十、雪花蓋頂	二十一、一字平分

武當劍第二路

二十二、提袍揚幟	二十三、粉碎玉斗	二十四、秘甲藏兵
二十五、葉底穿花	二十六、單鳳朝陽	二十七、鐵橋競渡
二十八、浪裏挑花	二十九、巧畫峰巒	三 十、天馬追風
三十一、風花雪月	三十二、柳岸鸞梭	三十三、赤電霞光
三十四、迅雷擊浪	三十五、懸崖勒馬	三十六、美女穿珠
三十七、紫電披霜	三十八、靈芝獻瑞	三十九、玉帶飄風
四 十、手撒金錢	四十一、回手揚鏢	四十二、高掛雲帆

武當劍第三路

四十三、伏虎迎門	四十四、瘋魔掃地	四十五、蜻蜓點水
四十六、飛鳥出林	四十七、風馳電掣	四十八、聞風起舞
四十九、泰山壓頂	五 十、青龍擺尾	五十一、白蛇吐信
五十二、餓虎待食	五十三、嫦娥奔月	五十四、娥眉倒拭

五十五、玉女右轉　　五十六、童子左行　　五十七、寒山藏日

五十八、摘花取雀　　五十九、鐙裏藏身　　六　十、黑虎剖心

六十一、穿針引線　　六十二、立勢高強　　六十三、步步埋伏

武當劍第四路

六十四、光芒萬丈　　六十五、碧海揚波　　六十六、橫斷山河

六十七、月湧江流　　六十八、雲龍探爪　　六十九、童子拜觀

七　十、鳥革翬飛　　七十一、天鵝臥雪　　七十二、怪蟒翻身

七十三、禹門擊浪　　七十四、寒芒沖霄　　七十五、巧探玄機

七十六、靈貓撲鼠　　七十七、湖風浪遊　　七十八、代馬依風

七十九、曲巷風旋　　八　十、漁郎問津　　八十一、艄公指路

八十二、流螢百轉　　八十三、釜底抽薪　　八十四、沂水托蘭

武當劍第五路

八十五、指日高升　　八十六、騰蛇入洞　　八十七、陸地飛騰

八十八、暴虎憑河　　八十九、撒手飛砂　　九　十、巨蠍反尾

九十一、石破驚天　　九十二、撥草尋蛇　　九十三、驚蛇入草

九十四、三華聚頂　　九十五、虹光閃閃　　九十六、干將直入

九十七、一鶴沖天　　九十八、虎視眈眈　　九十九、餓虎撲食

一〇〇、網解三面　　一〇一、力剁恨石　　一〇二、烏鵲飛空

一〇三、一帆風順　　一〇四、中流擊楫　　一〇五、卻步連環

武當劍第六路

一〇六、伏獅當沖　　一〇七、娥眉淡掃　　一〇八、撥雲瞻日

一〇九、鐵畫銀鉤　　一一〇、懸針垂露　　一一一、夕陽普照

一一二、避戰三舍　　一一三、金鼎升煙　　一一四、鷹隼擊物

一一五、青山紛雪　　一一六、鳳凰展翅　　一一七、落霞迷津

一一八、孤鶩沉江　　一一九、雲霞獻彩　　一二〇、敬德托鞭

一二一、長橋臥波　　一二二、月朗星稀　　一二三、綠柳垂陰

一二四、銀鉤釣月　一二五、獅首迎風　一二六、投鞭斷流
收勢一、大地回春　收勢二、坎離既濟　收勢三、清靜依然

注意：1989年《武當》雜誌發表我所創繪的6路武當劍132式的劍稱中，發現其中部分有錯誤，經專家學者考證，現將誤稱與原稱一併列出，以便校對，免再現誤謬。

正確劍稱：	錯誤劍稱：
高掛雲帆	高掛**六**帆
螣蛇入洞	**蟒**蛇入洞
烏鵲飛空	**鳥**鵲飛空
中流擊楫	中流擊**揖**
金鼎升煙	金鼎**生**煙
網解三面	**綱**解三面
玉帶飄風	玉**州**飄風
釜底抽薪	**斧**底抽薪
赤電霞光	赤**地**霞光
摘花取雀	摘花取**巧**

第三節　武當劍動作名稱中的成語典故淺釋

1. 玉女浣紗：浣（音換 huàn），玉女即好女、淑女或少婦、美婦，浣紗即洗紗。黃景仁詩「沙邊少婦來浣衣」。

2. 連中三元：三元，在科舉制度時，鄉試第一名為解（音借 jiè）元，會試第一名為會元，殿試第一名為狀元，

合稱三元。在鄉試、會試、殿試中連接考中第一名叫「連中三元」，也泛指接連三次得中頭名。

3. 八面玲瓏：玲瓏，敞明通亮的樣子。原指四面八方通明透亮，後來多形容待人處事機巧圓滑，面面俱到。

4. 懸崖勒馬：在懸崖峭壁前勒住馬，比喻到了危險的邊緣及時醒悟回頭。懸崖，指高而陡的山崖。

5. 紫電披霜：紫電，寶劍名。《古今注》：「吳有寶劍曰紫電。」唐代詩人王勃《滕王閣序》：「紫電青霜，王將軍之武庫。」紫電披霜，寶劍寒光閃閃，無比鋒利。成語「紫電青霜」即形容武器鋒利精良。

6. 高掛雲帆：由「直掛雲帆」轉化而來。李白《行路難》：「長風破浪會有時，直掛雲帆濟滄海。」儘管前路障礙重重，但終有一天會乘風破浪，高掛雲帆，橫渡滄海，到達勝利的彼岸。表現不怕任何艱難險阻、勇往直前的精神。

7. 天馬追風：天馬，神馬，賓士神速。喻馬行神速能追風。另有講法：追風，駿馬名。秦始皇有馬名「追風」。天馬、追風馬都是賓士神速的馬，用此來指馬馳迅疾。

8. 風花雪月：指四時之景色，「四時」指春夏秋冬四季。「風花雪月」也指浮華空泛的詩文或生涯，又喻指風流場中男女的歡愛行為。

9. 蜻蜓點水：唐代詩人杜甫《曲江》詩：「點水蜻蜓款款飛。」蜻蜓觸水，一掠而過。後用來比喻浮面的接觸，不深入實際。

10. 風馳電掣：馳，奔跑，掣（音徹 chè），閃過，形

容像颶風和閃電那樣迅速，速度極快。

11. 餓虎撲食：像饑餓的老虎撲向食物一樣。比喻動作迅猛急迫，猛撲對方的姿態。

12. 聞風起舞：風，風聲，消息。一聽到風聲就起舞應對，形容人的反應能力快，動作敏捷。此句可能起於成語「聞雞起舞」。《晉書·祖逖傳》：「逖與司空劉琨共眠，中夜聞荒雞鳴，（逖）蹴琨覺曰：『此非惡聲也。』因起舞。」祖逖立志為國效力，與劉琨互相勉勵，所以半夜聽到雞啼就起床舞劍。所以「聞雞起舞」為有志者及時奮發的典故。

套路中用詞語「聞風起舞」可能是借用「聞雞起舞」這一成語的格式。用「聞風起舞」更符合前後情境。

13. 驚蛇入草：比喻草書的筆勢矯健迅捷。

14. 飛鳥出林：比喻草書的筆勢矯健迅捷。《宣和書譜·草書·釋亞棲》：「自謂吾書不大不小，得其中道；若飛鳥出林，驚蛇入草。」

15. 穿針引線：比喻在兩方之間進行聯繫。套路中指動作之間呼應配合與過渡。

16. 蛺蝶穿花：成語「穿花蛺蝶」，往來於花叢之間的蝴蝶。

17. 泰山壓頂：比喻壓力很大。《兒女英雄傳》六回：「一個棍起處似泰山壓頂，打下來舉手無情。」

18. 光芒萬丈：形容光輝燦爛，照耀遠方。

19. 嫦娥奔月：來自神話故事。《淮南子·覽冥洲》：「羿請不死之藥於西王母，姮娥（嫦娥）竊之奔月宮。」後用「月裏嫦娥」比喻風姿綽約的女子。

20. 鳥革翬飛：革，鳥張開翅膀；翬（音灰 huī），有五彩羽毛的野雞。如同鳥兒張開雙翼，野雞展翅飛翔一樣。形容宮室建築精巧而華麗。《詩·小雅·斯干》：「如鳥斯革，如翬斯飛。」

21. 釜底抽薪：釜，古代烹飪的器皿；薪，柴草。比喻從根本上解決問題。成語「抽薪止沸」與其意一樣。《三國志·魏書·董卓傳》：「卓未至，進敗。」裴松之注引《典略》載卓表曰：「臣聞揚湯止沸，不如滅火去薪。」北齊·魏收《為侯景叛移梁朝文》：「抽薪止沸，剪草除根。」

22. 暴虎馮河：「馮」同「憑」，音平 píng。《詩·小雅·小旻》：「不敢暴虎，不敢馮河；人知其一，莫知其他。」《論語·述而》：「暴虎馮河，死而無悔者，吾不與也。必也臨事而懼，好謀而成者也。」空手搏虎為暴虎，無舟渡河為馮河。後以「暴虎馮河」比喻勇猛果敢，也比喻有勇無謀，魯莽冒險。成語可以寫作「暴虎憑河」或「憑河暴虎」。

23. 石破驚天：唐朝詩人李賀《李憑箜篌引》：「女媧（音娃 wā）煉石補天處，石破天驚逗秋雨。」原本形容箜篌之音高亢激越，有驚天動地的氣勢，後用來為使人震驚之意。也指文章言論出人意外，引起震驚。也作「天驚石破」。

24. 一鶴沖天：沖，沖向，比喻一舉驚人。

25. 虎視眈眈：眈眈（音丹 dān），威視的樣子。像老虎那樣貪婪而兇狠地注視著。喻強敵窺伺，或心懷不良，伺機攫取。

26. 網解三面：也叫「網開三面」「網開一面」《史記·殷本紀》：「湯出，見野張網四面，祝曰：『自天下四方皆入吾網。』湯曰：『嘻，盡之矣！』乃去其三面……」商湯命在野外布網捕鳥的人將網撤去三面，後以「網開三面」比喻刑法寬大。

27. 力剁恨石：劉備砍石，言之年近五十，不能為國除害，心中自恨，一劍揮石為兩段。用力剁石塊才能裂開。應用「力」不用「立」。還有一說「立剁痕石」。

28. 一帆風順：帆，風帆，帆遇順風，行走迅速。比喻工作非常順利，沒有挫折和阻礙。有時也用作祝人旅途平安的話。

29. 中流擊楫：中流，河流中間，楫，船槳。《晉書·祖逖傳》載，東晉初，祖逖任豫州刺史，渡江北伐苻秦，中流擊楫而誓曰「祖逖不能清中原而復濟者，有如大江。」後用「中流擊楫」比喻決心收復失地的壯烈氣概。

30. 鐵畫銀鉤：鉤、畫都指字的筆畫，直筆為畫，曲筆為鉤，形容書法剛勁有力。或神采飛揚，剛柔相濟，也叫「銀鉤鐵畫」。

31. 避戰三舍：也作「退避三舍」。春秋時晉國內訌，晉公子重耳逃至楚國，楚成王器重重耳，為報達過去楚國的接待，晉文公（重耳）許諾，「假若晉楚兩國交戰，我重耳首先避戰三舍（一舍為三十里，三舍為九十里），如得不到楚王諒解，那我再較量」。後晉楚戰爭，重耳履行了諾言，令晉軍退避三舍。退讓回避九十里，比喻對人退讓和尊重。

32. 月朗星稀：也作「月明星稀」。曹操《短歌行》：

「月明星稀，烏鵲南飛。」宋代蘇軾《赤壁賦》：「月明星稀，烏鵲南飛，非曹孟德之詩乎？」「月朗星稀」指月色皎潔，星星稀疏。

33. 投鞭斷流：把鞭子投到江河裏，就能截斷水流。喻人馬眾多，兵力強大。唐房玄齡《晉書‧苻堅載記下》載：前秦苻堅將攻打東晉，有長江之險，不能輕舉妄動。苻堅驕傲地說：「以吾之眾旅，投鞭於江，足斷其流。」

34. 落霞迷津，孤鶩沉江：這兩個劍稱是由唐朝詩人王勃《滕王閣序》「……虹銷雨霽，彩徹雲衢，落霞與孤鶩齊飛，秋水共長天一色」中的「落霞與孤鶩齊飛」的一句話中提煉而來。頗具詩情而非詩，其劍意深也！「霽」（音劑 jí），指雨雪天氣初放晴稱「霽」。「衢」（音渠 qú），指大路，四通八達的道路稱「衢」。

35. 玉斗：《楚辭九思怨上》：「將喪兮玉斗，遺失兮鈕樞。」鈕樞、玉斗，皆寶物也。

36. 娥眉：形容美人細長而彎的眉毛。也作蛾眉，舊指美女，女性美好的姿態。

37. 禹門激浪：禹門即龍門，為夏禹所鑿。龍門在山西省河津縣西北，陝西省韓城縣東北，橫跨黃河兩岸，形如門樓。夏禹導河至此，鑿道導河積石於龍門。禹鑿龍門始於唐東受城之東，自北而南，至此山盡，兩岸峭立，大河盤來山峽，山開水闊，豁然奔放，聲如萬雷。《水經河水注：「河水又南出龍門口。」《三秦記》：「江海魚集龍門下，登者化龍，不登者點額暴腮。」「鯉魚跳龍門」即取此意，表示能者高升，永攀榮華。

38. 干將（干 gān）：干將，鑄劍人名。吳越春秋，干

將鑄劍，干將妻莫邪（音耶 yé）斷髮剪下，投入爐中，金鐵乃濡，遂以成劍。陽劍干將，陰劍莫邪，二劍合名稱：雌雄劍。

39. 玉女右轉，童子左行：金童玉女，神話傳說是服侍仙人、生有慧眼的童男童女。舊時道家指仙人身邊左有金童，右有玉女。「金童擎紫藥，玉女獻青蓮。」

40. 漁郎問津：「津」，指渡口；詢問渡口。

41. 刺虎斬蛟：源於《辭海》。周處，人名，晉，陽羨人，字少隱。少年孤，臂力過人，縱情恣肆，為所欲為，州里為患，人皆懼怕，並與南山猛虎、長橋下蛟同稱「三害」。京劇《除三害》中所指述的即周處之事。周處在殺虎斬蛟除二害後，他也立志改邪歸正，後為官，後為國征戰死於疆場。「北海蛟龍」蛟龍所指為現在的鱷魚。

第四節　武當劍套路技術圖解

準備動作

準備動作要按書上要求把需要的基本功作為熱身練習動作。如：壓腿、踢腿、提腿、彎腰、下蹲、仆步、弓步、橫襠步等。初學者鍛鍊時，要逐漸適應，以免造成肌肉酸痛。這些熱身活動必不可少，不可馬虎。

起勢要求：身體直立，面向南站，雙目平視；左手握劍，劍尖向上，平貼後臂；右手食指、中指伸直，其餘手指壓緊，成壓指狀。（圖1）

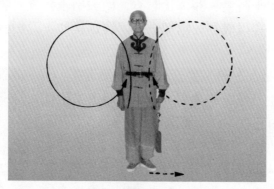

圖1

　　此時，精神內守，排除雜念，心靜意閑，思想空靈，雙臂垂懸，整體放鬆。

　　【注意】劍式站立方向規定：面向為南，背向為北，左向為東，右向為西；斜方規定為：東南，東北，西南，西北，也叫角位置。為方便初學者習練，文中用了前、後、左、右等方位詞，同時在後面也注明了東南西北的方位，讀時請注意。

預備式

起式一　　虛靈調息

　　1. 左腳向左橫邁一步，約80公分寬，站穩；雙手由下慢慢上抬至胸前，手心向下、向左右畫大圓弧收攏至胸前，變手心向上，左手成托劍狀；雙腿下蹲成馬步式。（圖2）

　　2. 緊接著，左腳向左前邁出半步，右腳隨之向左腳旁

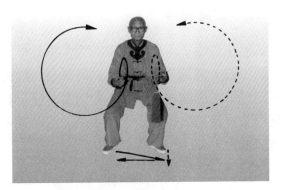

圖 2

圖 3

跟進，腳尖點地後即向右橫邁一步（70～80公分），落實，腿微屈；兩手托劍後再畫30～40公分立圓，分向左右下畫大圓弧至頭上上方。

　3.緊接著，左手劍劍貼臂肘，劍尖向下；右劍指共同由頭上相互交叉畫圓，慢慢下落，變劍尖向上；雙腿微屈。（圖3）

起式二　意撒乾坤

接上式。左右手下落向兩側畫圓弧；重心移至左腿，站穩；右腿提膝，護襠、繃足面；同時，右劍指由右向上畫圓弧，向左下經胸前做摟膝狀。此時重心移至右腿，站穩；左腿提膝、護襠，繃足面；左手劍屈肘貼臂，由左向右下經胸前畫大圓弧，至左膝前做摟膝狀，停於左胯旁，劍尖向上，刃平貼左臂後；同時右劍指由右後轉腕，經右耳邊向前（東）方畫曲線指出；左腿微屈，右腳也隨之緊貼左腿窩處；目視前方。（圖4、圖5、圖6）

圖4

圖5

圖6

起式三　二仙傳道

　　緊接著，右腳隨即向右（西）後撤一大步，左腳插至右腳後一大步形成歇步時，左右手向上、向左右畫弧收攏至右膝旁，右手心向上，左手心向下，劍刃貼肘，將劍柄交與右手。（圖7、圖8）

圖7

圖8

武當劍第一路

一、刺虎斬蛟

1. 接劍後，右手握劍，左手變劍指，右手轉腕花，畫整圓弧，成立刃劍，劍尖斜下，由右胯位拉至右胸內側；左劍指也轉腕花向左前方指出；目視左前方。（圖9）

圖9

2. 緊接著，左腳向左邁出一步，同時起身；右劍由右胸內側向左斜下立刃劍直刺；左劍指回貼於右手腕；右腳同時跟進，腳尖點地，靠於左腳旁。（圖10）

圖10

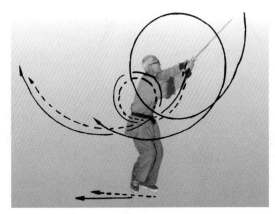

圖11

3. 緊接上勢。下身不動，左指貼右腕，同時緩慢轉動，右手腕由左下螺旋式向左上撐刺。刺時要快，刺向蒼穹。（圖11）

【注意】

注意動作的節奏與完整。力度可剛可柔。年輕者動作可剛，用力可猛；中老年則應動作適度，劈、刺可少用力，達到健身目的即可。

二、降龍除怪

1. 接上勢。稍停，右手劍由左上向內下扭腕，形成劍腕花，劍尖畫大圓，向右抽帶，由慢到快形成弧線，至右斜上方，劍尖也拉至左肩旁；左劍指隨右手向下畫弧，並甩揚劍指停於右手腕旁；同時右腳向左邁出一步（約80公分），左腳向右腳跟步，腳尖點地，停於右腳旁。（圖12）

圖 12

2. 緊接著，左腳向左前斜方邁出一大步，成左弓步；右手劍隨身體左轉腕，變劍尖在後，順勢上揚向右下掄劈；左劍指隨身轉，由右肩處向下轉腕畫圓弧，停於頭左上方；目視劍尖。（圖 13）

圖 13

三、蛺蝶穿花

1. 稍停。右手劍由下劈變轉腕向右上抽，劍尖向下，以左腿為著力點，由弓步變右腿後坐，向後畫圓弧經右胯，向左前用柔力推格，劍尖斜向下（用力過猛則顯生硬）；左劍指由頭上靈活跟隨右腕（不要死貼，否則劍指死板失去生命力和靈活性）；左腿也由原位弓式變為直中微屈，右腳也隨著跟步至左腳旁，腳尖點地。（圖14）

2. 緊接著，右手劍由左前反腕向左下畫圓弧，用柔力拉帶向右前推格，劍尖斜下；左劍指跟隨在右腕右側；右腿同時向右前邁出一步，左腳也隨之跟步靠右腳旁，足尖點地。（圖15）

3. 緊接著，右手劍由右前反腕向右上推格，劍尖向下、向右後畫圓弧，經右胯向左前用柔力推格，劍尖斜下；左劍指跟隨，停於右腕反手左側；左腳向前邁出一

圖14

圖 15

圖 16

步，右腳隨之向左腳旁跟步，腳尖點地。（圖 16）

4. 左腳向後邁一步，右腳後拉；隨同左劍指與右手劍
由頭前共向左後插劍、轉腕向上畫圓弧，劍尖向前，用先
柔後剛勁向前（東）斜下掄劈，劍尖向下；右腳也由後

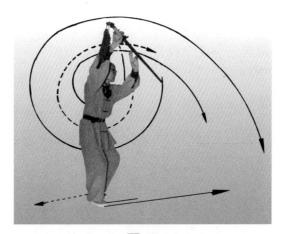

圖 17

拉，隨同右劈劍也一同向右前（東）邁出一大步成右弓步；左劍指也一同由左向上甩揚劍指，停於頭左上；目視劍尖。（圖17）

　　此劍式走向迂迴，是左右向前推格橫8字的劍法，感覺尤如蛺蝶穿插在花叢中，上下飛舞，帶來了春天的氣息，使人振奮。

四、日透長虹

　　下劈劍變右手上提劍，至頭頂上，上身後仰，旋轉手腕，用刁把立刃劍盤旋一周，劍尖向右微低；左劍指畫弧附於右腕，置於頭頂上；上身左轉，頭向右視，左腿提起護襠、腳面繃直成右獨立步；右腳心抓地站穩，上身右傾，右腳跟抬起，腳掌用力蹬地輕墊一小步，隨之左腳用力爆發向上彈起；右手劍同時轉劍畫弧成劍挽花擰刺斜向上空；同時，左腳隨之向後倒插，兩腳落地要輕要穩，成疊步，也

可成坐盤（可根據體格年齡選擇而定）；左劍指畫弧向左，右手劍向右形成一條直線；目視右方劍尖。（圖18、圖19、圖20、圖21）

圖 18

圖 19

六路真跡武當劍藝

圖 20

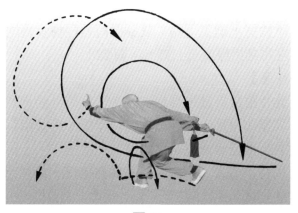

圖 21

五、猛虎躥山

稍停，穩定心態。接著啟動上身，左右手形成斜直線，目視右前，左腳用力蹬地，猛地向左前躥出騰空；右

圖22

手劍由後向左前畫弧,身在空中向右轉,向上畫大圓弧,再向右下掄劈,劍尖下點;雙腳同時輕輕穩步落地,成右弓步;左甩劍指停於左上方。(圖22)

【注意】

若此時躍躍得當,高飄輕遠,落地時身姿真的猶如猛虎,令人無比興奮。但應根據自身年齡、身體素質等有選擇地投入,中老年慢慢適應地練,不要強求,不要急於求成,否則得不償失。習劍中切忌興奮過度、得意忘形,應掌握「量」與「度」。中老年以「平衡」為原則。

六、迎門獻劍

1. 接上勢。身向右,轉右手成立刃劍,由右向左(西)前方畫弧運行;左指由上向左前畫弧,與右手劍合攏;成左弓步。(圖23)

2. 上動不停。身向後坐,成右弓步;左右手同時分別

圖 23

圖 24

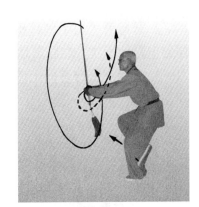

圖 25

向後畫平圓，劍往回抽再向左前，用先柔後剛勁兒畫弧向
上，雙手做迎送狀，劍尖斜上，刃分左右；目視劍尖。
（圖 24）

　　3. 雙手向左前方胸前合攏形成抱劍式，劍尖向上，刃
分左右；右腳貼於左腿窩處，腳趾抓地站穩。（圖 25）

【注意】

習此劍式時，應心態平和，懷恭敬之心。尤如誠懇忠信的弟子在山門下聆聽師尊的教誨，點化人生。尊師重友、仁義道德、禮儀廉恥牢記於心。這正是習此劍所應培養的精神。

七、玉女浣紗

1. 站穩。右手劍在胸前，用快中慢的輕巧柔勁轉劍尖畫橢圓弧，向頭頂右上提拉，劍尖斜向下；隨提拉，右腳也由左腿窩處向右前儘量提腿、護襠，腳面繃直。（圖26）

2. 緊接著，右手劍輕輕用棗核型弧線向下輕粢兩次；腳尖也點地兩次，右腳著地。（圖27）

3. 右手劍緊接著向上儘量用力提拉，劍尖斜向下；左腳繃面向上提腿、護襠；左指也靠近右腕；目視劍尖。（圖28）

圖26

圖27

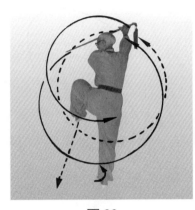

圖 28 　　　　　　　　圖 29

4. 接上勢。右手劍與左腳同時起動，左腳向左落地站穩，腳尖外撇，向左轉身成交叉步；右手劍不要握緊，向左下轉腕畫弧，向上挑劍，置於左胯旁，劍尖向上，刃分左右；左指也隨右手一同由上向下畫弧，轉腕至左上，指向右方；目視劍尖（準備向右下刺劍）。（圖 29）

八、黑虎舔襠

1. 接上勢。右腳向右橫邁一步落穩，左腳隨之向右倒插，成右歇步；右手劍轉腕立刃劍，劍尖向右，橫置於胸前；左劍指向上。（圖 30）

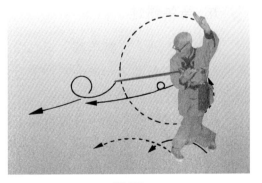

圖 30

圖 31　　　　　　　圖 32

2. 接上勢。右手胸前橫劍向右斜下撑，劍直刺，手心向後，成反手立刃劍；左劍指由上向左下畫圓弧，轉腕向左上，甩揚劍指；左右手臂成斜直線，劍尖、左指尖、腳尖同時到位完成。（圖31）

3. 接上勢。右手劍斜下，反手撑刺，隨之轉腕成正手立刃劍，向上崩挑，左指也斜向上揚，甩劍指。（圖32）

九、烏牛耕地

1. 緊接上勢。反轉手腕，手心向上，雙手向左上先慢後快斜拉，畫橢圓，再向下斜抽帶至右胯處，左指附於右腕，劍尖向前成斜刃劍；目視右手。（圖33）

2. 稍停。雙腳不動，身體慢起，目視劍尖；左指附於右腕，劍尖向前，離地尺許，成立刃劍，同時身體向左轉一周，面向西，上身微傾，轉動一周後，右腿微屈，左腳尖點地成虛步，劍勢為耕地式。（圖34）

圖 33　　　　　　　　　　圖 34

十、連中三元

1. 接上勢。右手立刃劍尖斜向下，左指附於右腕，然後雙手同時向兩側轉腕，分別向後下畫大圓弧，再向前與右手劍、左指吻合於腹前，劍尖向前下輕脆點擊；右腳同時向右前邁一步，左腿後坐成右虛步，腳尖點地，劍尖、腳尖一同到位。（圖35）

2. 接上勢。右腳虛點地，雙手吻合後左劍指、右手、右劍、右腳同時起動，左右手由腹

圖 35

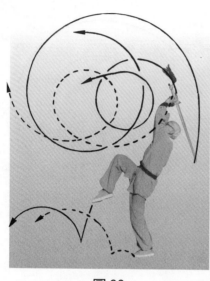

圖 36   圖 37

前上下連續兩次向下點擊，先輕柔向下慢點擊後，再稍重向下點擊；右手握鉗把劍，再猛地快速向上揚，劍尖向後下，頭也上揚，右腳也迅速提起護襠，準備起跳。（圖36）

3. 緊接著，左劍指附於右腕，與頭同時向上揚，右手立刃劍尖向下，右腳提起，左腿微屈站穩，腳趾抓地，左腳先向右前輕墊一步，隨後右腳用力向右（西）前跨步騰空，左右手同時分別向左右下畫圓弧上揚。（圖37）

十一、枯樹盤根

左腳先著地，右腳在騰空時隨插步至左腿後，落地成疊步；左右手合攏在左胯旁，右手劍成平刃壓劍，劍尖向左，左劍指附於右腕；目視劍尖。（圖38、圖38附圖）

| 圖 38 | 圖 38 附圖 |

【注意】

連中三元與此式要連結一起，不能斷。跳躍要高、飄、輕、遠，「枯樹盤根」式動作雖難，但式子很簡單，起跳騰空落地坐盤則為此式全過程。

十二、白蛇弄風

1. 接上勢。由疊坐起身，以左右腳掌為軸，向右轉身 180°，面向南直立；右腳向左腳靠近，腳尖點地；右手由下壓劍向上提拉，劍尖向後，左指向左上畫弧，停於左上；目視右方。（圖 39）

圖 39

2. 接上勢。右手劍由下向上畫弧，身體向右轉動 90°後，向右下（西）立刃劍快速掄劈點擊；右腿站穩，左腿上提，繃腳面護襠；左劍指向左畫弧，慢上揚，快甩，停於頭左上；劍尖、指尖、腳尖同時到位，目視劍尖。（圖 40）

3. 接上勢。左腳向左邁一步落實，右腳即向左腳側跟進，腳尖點地；左右手同時起動，左劍指、右手劍由下共同向胸前合攏，雙手心向外，轉腕畫對稱的如意形圓弧，手心向外，手背相對，右手劍向斜上方畫大圓弧撐挑，左劍指附於右手反腕下；目視劍尖。（圖 41）

4. 緊接上勢。左右手背對背向兩側分別畫圓弧，手心向下，往前下方斜刺成錐形走向。（圖 42）

此式轉身、劈劍、提腿、甩指，一氣呵成。白蛇弄風一式向右轉，前面第九式烏牛耕地向左轉，左右互動，前後呼應，反正結合，黑白對比，如同一副絕妙的楹聯。

 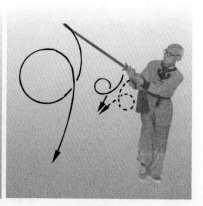

圖 40   圖 41

圖 42

十三、八面玲瓏

　　1. 接上勢。左腳向左斜前方（東南）邁一步，右腳前邁一步，左腳跟上，腳尖點地，身體同時向同一方向轉動 180°；右手劍由右下轉腕反手立刃劍向左斜上方（東南）撩擊；左劍指隨之由右下向左上畫弧附於右腕；目視劍尖。（圖 43）

圖 43

2. 接上勢。身體左轉 180°，隨後左腳向左斜前方（西北）邁出一大步，右腳跟上，腳尖點地；同時右手劍也隨之扭轉向上畫弧，用立刃劍向左斜前下方（西北）用力點擊；左劍指也向下隨身體轉動畫弧、上揚甩劍指附於右腕；目視劍尖。（圖 44）

3. 接上勢。隨後，右腳向右橫跨一步，腳尖外撇，左腳緊跟，於左前方（東北）邁出一大步成左弓步；右手劍由點擊轉腕向右下畫弧，抽帶撩托至頭頂上方，成立刃劍；左劍指也隨右腕向右劍尖前指出；上身微探，目視前方。（圖 45）

4. 接上勢。稍停，身體向右轉 180°，左腿直立，右腿提腿護襠，落地，左腳跟至右腳後；同時右手由左（東南）向右（西南）畫弧，轉劍腕花至腹前。（圖 46）

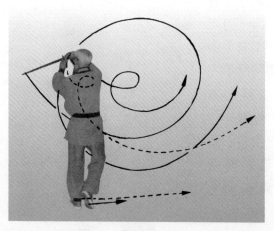

圖 44

圖 45　　　　　　　　圖 46

　　5. 上勢不停。右手緊接著轉腕形成劍腕花，微斜向下輕脆點擊；右腳向右著地，左腳跟步至右腳後，腳尖點地；左劍指轉腕置於左上方。（圖 47）

圖 47

十四、飛鵠穿林

1. 接上勢。身向後（東北）轉 180°，左腳也向後斜方（東北）邁出一步，腳尖外撇，右腿同時起動，成左坐步，右腳尖點地；身轉時，雙手隨之跟上在胸前交叉，分別向左右下畫大圓弧一周，會合於頭前，雙手相抱，向上撩擊發出擊掌聲，劍尖斜上成立刃劍；身前探，目視劍尖。此為飛鵠穿林的預備式。（圖 48）

2. 右腳外撇，身向右轉，左腳向前斜方（東北）邁出一大步，腳尖向東成右弓步，面向西南；雙手由抱擊狀變左右橫掃，手心向下，平刃劍伸向西北；上身微探，目視前方，形成展翅欲飛狀。（圖 49）

3. 橫掃後，身向後坐，雙手向頭上揚，由兩側分別從上至下畫大圓弧至胸前交叉成 S 形。（圖 50）

圖 48

圖 49

圖 50

　　4. 右腿後插步，交叉下坐成疊步狀；此時雙手已畫弧至右膝前，平刃劍劍尖向前；.目視劍尖。（圖 51）

圖 51

5. 接上勢，疊坐步，身上起，右腿向右斜前方（東南）邁出一大步，左腳跟至右腳旁，腿微彎，虛步點地；右手劍由胸前向西南斜，劍刃平刺，左手劍指由左膝前向上畫弧，甩指上揚至頭左上方；目視劍尖。（圖 52）

圖 52

6. 緊接著，身面向西北轉 90°，左腳向斜後邁出一大步成右弓步；雙手由上向下畫半弧，手心向下，雙臂橫掃，平刃劍；左劍指微揚，頭微仰；目視斜右方，身稍探，展翅欲飛之狀。（圖 53）

7. 接上勢。雙手橫掃平展，向頭頂上方合攏，畫圓弧雙手交叉，右手劍尖向左；雙手由上至下於兩側畫 S 形大圓弧，頭上揚，身後仰。（圖 54）

8. 右腳向左腳後插成疊坐步，當 S 形行劍下落時，右手劍向左回帶，抽劍，劍尖斜向前，與左手交叉；落在左腳前，左指附於右腕上；目視斜前方，欲做出林狀。（圖55、圖 56）

9. 緊接上勢。身上起，右腳向西北方邁出一大步，左腳跟至右腳旁，腿微屈，腳尖點地；右手劍隨之由左腳旁反手立刃劍，直擊刺向西北，劍尖稍高；左劍指也由左腳旁向左上甩揚，停於左上方；目視劍尖。（圖 57）

圖 53

圖 54

圖 55

圖 56

圖 57

十五、老僧封門

1. 緊接著，右手劍向西北刺出後，隨之向右上轉腕畫弧抽劍至右側，劍尖向上，左劍指也向下靠近至右腕旁；左腳向左橫邁一大步，上身稍右轉，目視劍尖，準備左轉。（圖 58）

圖 58

2. 緊接上勢。身體向左（西）轉動；同時右手劍劍尖向上，左劍指也一同向左轉（身體如同門軸一樣），雙手由右至左，橫臂微屈，轉動至身體左側與腰齊，右手劍尖向上，頭向左扭；右腳向左腳靠近。腳尖點地；左指附右腕上，目視劍尖。（圖59）

圖 59

十六、佛手拈香

1. 接上勢。目視劍尖，隨之右腳橫向（東）邁出，左腿後坐，右腳隨之向上翹起，成左坐步；當右腳橫向邁步時，右手立劍與附於右腕的左劍指一同由左轉腕向下，經左胯畫弧向右上（東）崩挑，停於腹前；身體後傾仰身，身隨劍動，目視劍尖。（圖60）

十七、怪蟒出洞

1. 稍停，右手劍挑崩後，右腳踏實，右手持活把劍隨之轉動手腕，左劍指附於右腕；右手劍柄處由左下向右上環繞約30公分直徑的大圓，劍尖處轉約15公分直徑的小圓，每進一步，圈劍一次，左右肩上下盤動一次，猶如怪蟒向前蠕動。（圖61）

2. 左腳向前邁出一步；右手劍隨之向前輕慢畫圓，由

圖60　　　　　　　　　圖61

左向右上圈劍畫一周，劍柄畫直徑約 30 公分大圓，劍尖畫直徑約 15 公分小圓，交叉點在劍身四分之一處，同肘肩、腰、身也隨之上下左右一起輕慢向前蠕動，盤進一次。（圖 62）

3. 稍停。右腳向前輕慢邁出一步，肩、腰、身再隨之上下左右向前慢擺轉動一次，劍也向前圈劍一次。（圖 63）

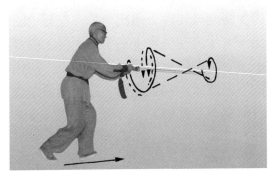

圖 62

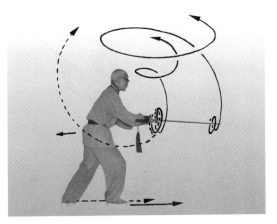

圖 63

十八、背後生風

1. 當左腳向前邁出一步時，右手劍要快速向前轉動兩圈，跟著突然放慢，右手劍再由左上向右下轉腕畫弧，向左方斜上用力快速撩擊；同時右腳在撩劍時也一同向前邁出，虛步點地。（圖64）

2. 接上勢。右手劍由斜上向後（西）畫弧；轉身不停，右腳虛步轉向後（西）邁出一步，左腳也隨轉身向左（西）邁出一大步成左弓步；右手劍不停，由斜上轉身一周（面北），平刃劍向東橫掃，手心向下；左劍指在轉身時也由上向下畫圓弧，向上甩揚，停於頭頂左上方，頭向右轉，斜視劍尖。（圖65）

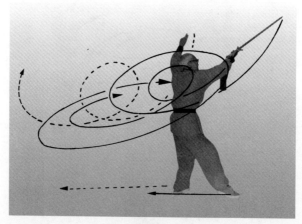

圖64

圖 65

十九、風擺荷葉

1. 緊接著，右手劍隨身向右轉 270°，順勢向右下轉腕畫弧，向左前上揚成反手立刃劍。（圖 66）

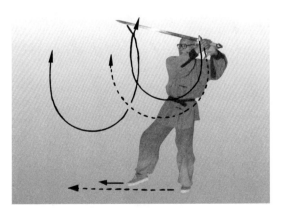

圖 66

2. 接上勢不停。右手劍由頭左側畫弧向左下右上轉動手腕，帶劍至頭後右側，向上托架，劍尖向前；同時右腳向前邁一小步，外撇落實，左腳隨之向前邁出一大步，落至右腿前成右坐步，左腳尖點地；左劍指隨劍勢跟隨右劍旁；目視劍尖。（圖67）

3. 動作不停。右手劍由右後向下轉腕畫弧，帶至左前斜上方，目視劍尖（準備轉腕向後畫弧點擊）；左劍指跟隨右劍轉向左上；左腳向前邁一小步，外撇落實，右腳隨之向前邁出一步，腳尖外轉（準備落地轉身用）；目視劍尖。（圖68）

4. 右手劍在左前斜上，左劍指在頭左上，隨身體右轉，右腳落實，左腳向西，前邁一大步向右（東）轉身成右弓步；右手劍順勢由左斜上轉腕，向右下點劈，成正手立刃劍。（圖69）

圖67

圖 68

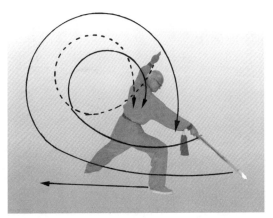

圖 69

「風擺荷葉」的 4 個動作要一氣呵成，顯示荷葉在風中的搖擺姿態。左右旋扭要顯輕重緩急、快慢剛柔的韻味性。

二十、雪花蓋頂

緊接上勢。左腳前邁一步轉身向右；右手劍向下掄劈的動作；右腿向右斜方（西南）後撤一大步成左弓步，身向左（東）；雙手手心向上，分別向後畫大圓一圈（360°），向左前下掄劈，上身前傾，左劍指附於右腕；目視劍尖。（圖70）

二十一、一字平分

接上勢。左弓步下劈後，身體上起直立，左腳向右腳前橫邁，足尖點地。雙手同時起動，右手劍手心向上，平刃劍用力向右（南）橫斜掃，雙臂平展，右臂稍高，左劍指手心向下，手指微揚；身向右扭，挺身昂首，目視前方。（圖71）

圖70

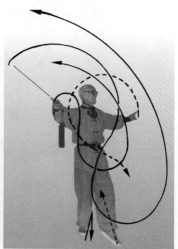

圖71

練此式最忌死板，動作要顯出生靈之氣勢。

武當劍第二路

二十二、提袍揚幟

右腳抬起，向下跺地；同時右手劍向右上轉腕，劍尖向上畫弧，變劍尖向下，在胸前往左下絞，畫弧向右上（西南）挑劍直刺，反手手心向右，左劍指左向畫弧，翹指下按，雙手在胸前轉腕會合；當右手劍挑劍上刺時，左腿起動，向右側提膝、繃腳、護襠，身向左前斜立（東南），雙臂成斜直線（左下右上），面左（東），目視前方。（圖72）

做此動作時，雙手與左腳要同時動作到位，右腿獨立步要站穩。要表現出古代戰爭中將士們提戰袍、揚旗幟、

圖72

英勇戰鬥勝利歸來的英雄形象。其態豪邁，氣勢逼人，精神抖擻，激人奮進。

二十三、粉碎玉斗

左腳向前（東）邁出一大步，成左弓步；右手劍柔中帶剛勁，由斜上方向前（東）下掄劈、點擊，劍尖微低；同時左劍指也由左胯向後轉腕，向左上甩揚劍指，停於頭左上。（圖73）

二十四、秘甲藏兵

1. 接上勢不停。左腳微上起，向外撇90°，身下坐成疊步，右腳掌著地，右手劍由頭前向左下轉劍，轉身（北）向身後用立刃劍經左胯向後下方深刺，手心向上，頭向北斜扭，目視劍尖，左指附於右手腕上。（圖74、圖75）

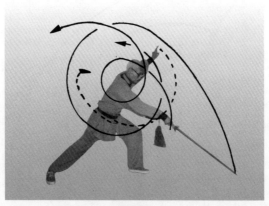

圖73

圖 74   圖 75

圖 76

2. 緊接著，右手平刃劍由後刺用力向右撥劍橫崩，劍尖快速轉向右前（東），左劍指附右腕上。（圖76）

二十五、葉底穿花

1. 身慢上起，目視劍尖；左肘稍向上抬起，左劍指附於右手腕，劍尖平刃向前。

然後身向右旋轉半周不停，右腳在旋轉時抬起，附於左膝窩處。（圖77）

　　2.隨後接轉半周，右腳正好向左前（東）邁出一大步，成右弓步；左劍指附於右手腕，右手劍迅速用正手立刃劍向東方直臂刺出；身向前探，目視前方。（圖78）

　　此式劍藏身後迅速橫崩，轉動起身。身強熟練者可速

圖77

圖78

六路真跡武當劍藝

轉一周，將劍刺出，初學者可緩慢轉動，分兩步轉體，科學掌握，否則下式「丹鳳朝陽」的燕式平衡容易失誤。如能穩定，這對心態平衡起到至關重要的作用，必須細心學習。

二十六、丹鳳朝陽

接上勢。右腿掌握重心站穩，腳趾抓地，左腿回收，彎曲上抬，左腳繃腳面，準備後伸；同時，左劍指與右手劍由前緩慢向左右兩側外轉，右手劍轉腕畫弧，反手立刃劍向右後刺；此時，左腳抬起，向後上繃腳伸出；左劍指向左外轉腕畫圓弧一周，甩指停於頭左前；扭頭向右視。（圖79）

【注意】右劍尖、左指尖、左腳尖三尖同時到位。做平衡動作時，注意其穩定性，上身儘量上抬。平時應練習壓腿、踢腿、平衡伸腿。此勢為劍中之亮點。

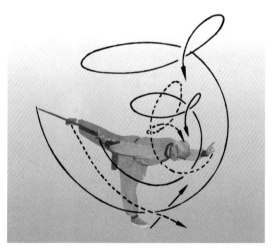

圖79

二十七、鐵橋競渡

1. 接上勢。身上起，左腳向右腿前穩步下落，右腳站穩，向上繃腳面提起，準備前蹬；右手立刃劍向前抽劍至頭前，與左劍指共向左右兩側畫大圓弧一周，右手劍尖向前向上，刃分左右，左劍指附於右腕，立劍停於左腹前；右腿屈膝，上提繃腳面。（圖80）

圖80

2. 左腿站穩，右腳勾腳向前（東）用力快速蹬出；同時右手平刃立劍，由左腹前經頭右仰身向後；左劍指附於右腕，用力向後斜刃劍刺出。（圖81）

右劍與右腳，向前、向後的動作同時完成，準備向身後（西）轉做下式動作。

圖81

六路真跡武當劍藝

二十八、浪裏挑花

1. 緊接上勢。右手劍向後仰刺時，左腿掌握好站立的重心；右足蹬出後，迅速回收，轉身向後（西）斜右邁出，成右弓步，左腳掌同時後轉，腿繃直；同時，雙手向後兩側分開，右手劍由左下向右上斜方正手立刃劍向上用力挑崩；左劍指在轉身時也向左上畫弧，停於左頭前；目視劍尖。（圖82）

2. 右手劍挑崩後再轉手腕，由左下畫弧，反手立刃劍向左斜上方撩擊；左腳同時起動向左前跨步，呈曲線形走向，落實成左弓步；左劍指再由左上轉一圓弧，與右手劍一同停於頭上方；目視劍尖。（圖83）

3. 右手劍由左上向下再轉腕向右上畫弧，成正手立刃劍，向右前斜上方挑崩；左劍指由上向右下轉腕，向左上甩揚，劍指停於頭左上，同時右腳用曲線走向，向右前斜跨一步落實，成右弓步；目視劍尖。（圖84）

【注意】劍尖、左指、弓步須同時到位。

圖82

圖 83

圖 84

二十九、巧畫峰巒

1. 右手劍與右腳同時起動，右劍向左轉腕，撐劍腕花一周斜向左上；左劍指向右，跟隨右手轉動附於右腕上；同

時，右腳向左腳旁靠近，腳
尖點地；目視劍尖。（圖
85）

2. 稍停。右手與右腳同
時起動，右手劍跟著反撐，
由左上向右上轉腕，形成
撥、撐、搪的勢態向右上撐
刺；左劍指向下、向左畫
弧，向上甩揚，停於左上
方；同時，左腳提起，繃腳
面，護襠，成右獨立步；目
視劍尖。（圖86）

圖 85

圖 86

巧畫峰巒劍式走向耐人尋味，手中劍彷彿變成了一支畫筆，在畫卷上由左至右揮灑自如。可盡情發揮其想像，巧畫於峰巒之中，享受那寫意之作，真乃愜意。

三十、天馬追風

1.接上勢。稍停，左腳向左（東）外橫邁跨步落實成左弓步，上身前傾；雙手同時由上向下畫弧交叉至胸前，右手反手立刃劍由胸前向右後斜刺；左劍指也由胸前向左上畫弧甩揚，停於頭左上；目視劍尖。（圖87）

2.緊接著先右腳由原地蹬、刨、亮腳掌向右前邁一大步，再左腳蹬、刨、亮腳掌向左前邁一大步（類似馬蹄後踢狀），雙腳交替邁步；右劍、左指不變，頭部前伸後縮，身前傾；目視後方。（圖88、圖89、圖90、圖91）

3.接上勢。當左腳前邁落實後，上身與左、右腳同時向右後（西）扭轉成右弓步；右手劍在轉身時，由右後向

圖87

圖88

圖89

圖90

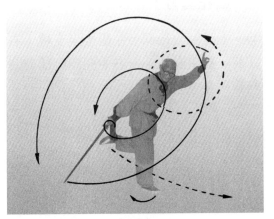

圖91

前（東）轉腕畫大圓弧，立刃劍向斜前下（西）掄劈；左劍指順勢向右下畫弧再向左上甩揚劍指，停於頭左斜上，與右臂、右劍成斜直線；目視劍尖。（圖92）

圖 92

三十一、風花雪月

接上勢。上身回收後仰，左腿後坐支撐，右腳由前回拉停於左腳前，腳尖點地；左右手同向胸前會合，手心向下，劍尖向前；左劍指附右腕上，雙手在胸前同向左外旋劍一周；變手心向上；右手平刃劍向左後胯橫掃，劍尖向後，右手停於左胯，左劍指附於右腕；目視劍尖。（圖 93、圖 94）

圖 93

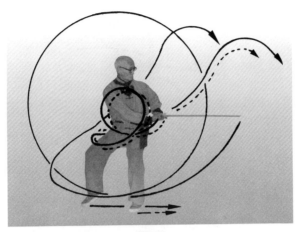

圖 94

三十二、柳岸鶯梭

1. 緊接著，右手劍由左後向右外翻轉劍腕在胸前畫弧旋劍一周，變手心向下；同時右腳後撤一大步；左腳緊跟右腳後撤，腳尖點地，身右轉；此時正好抽劍向右上屈腕、屈肘，經右肩向下畫弧不停；左劍指在右肩旁，劍尖向前。（圖 95）

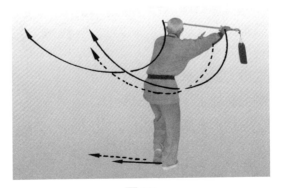

圖 95

圖 96

　　2. 左腳向左（西）斜前邁出一步，右腳跟進左腳旁，腳尖點地；同時右手立刃劍，劍尖向前，由右上向下屈臂畫弧。向右斜前（西南）先柔後剛立刃劍直臂刺出，左指附於右腕上；目視劍尖。（圖96）

　　3. 右腳後撤一步（東），右手劍向右上屈肘畫弧回拉，左腳拉至右腳旁，腳尖點地；右劍由右回拉畫S形弧抽劍至左胯時，左腳後撤向左後，右腳緊向左腳旁跟，腳尖點地，劍尖斜前上，目視劍尖，左指附右腕側。（圖97）

圖 97

　　4. 右腳向前（西北）邁出一大步，左腳

緊跟其後，腳尖點地；左指附於右腕，右手劍抽至左胯旁，順勢向右前斜穿（西北）刺出；目視劍尖。（圖98）

5. 左指附於右腕上，右手立刃劍由前（西）往回屈肘，屈腕，向上抽劍，劍尖向前畫大立圓弧一周；左腳向前（西）邁出一步，右腳緊跟其後，腳尖點地；右手立刃劍順勢直臂向前（西）穿刺出（圖99）

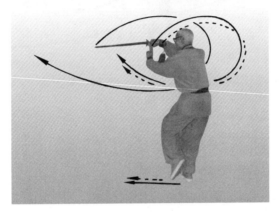

圖98

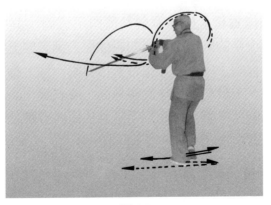

圖99

圖 100

6. 左指附於右腕，右手劍屈腕，屈肘由（西）往回抽拉；右腳後撤一步，左腳緊跟其後，腳尖點地；右劍劍尖在前，由右胸前畫小立圓弧向前（西）穿刺出；左腳緊向前（西）邁出一大步，右腳緊跟其後，腳尖點地。劍尖、足尖同時到位，目視劍尖。（圖 100）

「柳岸鶯梭」的幾個劍勢箭頭示意圖，其中左右迂迴，婉轉流暢的劍流圖，猶如將你引入到音樂五線譜的幻夢之中，你的手中劍又好像音樂指揮家一樣，指揮著你忽高忽低地左右飛翔，穿梭於柳林間，聆聽那「高山流水」的古箏曲的配樂聲，享受那不是神仙而勝似神仙的妙處，這就是長壽秘訣之所在，豈不樂哉。

三十三、赤電霞光

右手劍由（西）前向右後抽劍轉腕畫弧一周，右腳同時後撤一步，右手反立刃劍接著向右後（東）下用力刺

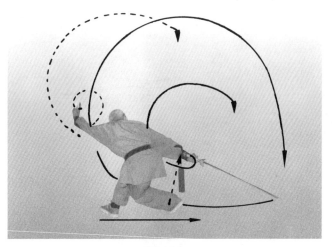

圖 101

出；同時左腳向右腳後插步，成歇坐步；左劍指向右下轉腕向左上甩揚，停於頭左上，左右臂成斜直線，目視劍尖（東）。（圖 101）

三十四、迅雷擊浪

接上勢。身體上起，右腳向後（東）退一步，起身站穩；右手立刃劍順勢由右斜下抽劍轉腕向右前下（東）掄劈；左腳提起，繃腳面護襠；左劍指由左上向右下再向左上畫弧後，停於左上方；身前傾，面東，目視劍尖。（圖 102）

圖 102

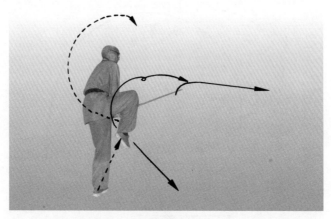

圖 103

三十五、懸崖勒馬

接上勢。左腳向左（西）下落站穩，右腳提起，繃腳面護襠；雙手分別向兩側下畫弧，右手抽劍至左胯，劍尖斜上，如同勒馬狀；左劍指附於右腕；身向東，目視劍尖。（圖103）

三十六、美女穿珠

緊接著，右腳向右前（東）邁出一步，左腳緊跟，提腿，繃腳，護襠；同時雙手一齊起動，右手立刃劍由左胯向右前方（東）擰劍刺出；左劍指向左上畫弧甩揚，劍指停於左上方；目視劍尖，身向東北，上身微探。（圖104）

三十七、紫電披霜

緊接上勢。身向左轉，面北，左腳向左（西）橫跨一

六路真蹤武當劍藝

圖 104

大步（或向下坐成仆步）；右手劍與左劍指同時起動，右手劍向左上轉腕畫大圓弧，由上掃至右下方手心向下；左劍指由左上轉腕畫弧甩指停於左上方；上身向左傾斜，頭右扭，目視劍尖。（圖 105）

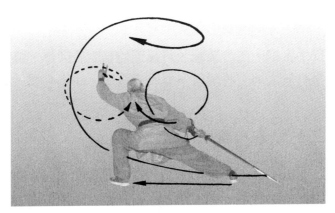

圖 105

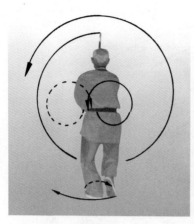

圖 106　　　　　　　　圖 106 附圖

三十八、靈芝獻瑞

接上勢。重心向右移動至右腿；雙手同時向內、向外、向上各自畫圓弧一周，右手立刃劍劍尖向上，停於胸前；右腳向左腳靠近，左腿屈膝，右腳尖點地；左劍指附於右腕；上身含胸、收臀，目視劍尖。（圖106、圖106附圖）

雙手合抱，內含敬意，將靈芝仙草獻於師尊，將瑞氣萬千呈祥於大地，將清新空氣吸於腹間，淨化心靈，頤養天年。

三十九、玉帶飄風

1.左右手分向兩側，由下向外上畫圓弧，右手抽劍與左劍指會合於胸前，劍尖向左；右腳向左腳後倒插。（圖107、圖107附圖）

圖 107　　　　　　　　圖 107 附圖

2. 同時身體向後 180°轉為面南時，右手劍、左劍指逐漸向左右抽劍畫圓，展臂伸開，左右腳跟作軸向右轉。（圖 108）

3. 身體接轉 180°逐漸下落，變成右腳在左，左腳在右，成疊步或歇步；右手劍正好橫掃在右下方（東），轉

圖 108

圖 109

腕向上崩挑；左劍指展臂轉至左（西）順勢停於頭左上；身斜扭視劍尖。（圖109）

此式非常優美、插步、轉身、運劍、疊歇步，可用慢含快、高含低、柔含剛的飄逸劍姿來運作，顯示其間內外在的神形狀態。

四十、手撒金錢

左腳向左前（西）先邁出一步；起身後右手劍由後（東）向（西）轉腕畫圓弧，反手立刃劍向（西）用力上撩；右腳隨劍向（西）邁出一大步，落在（西）右前側，形成丁字右弓步；左指由上向右下畫弧向左上甩揚，劍指附於反手立刃劍右腕上；上身微（西南）斜扭，指尖、劍尖、右腳同時到位，目視劍尖。（圖110）

圖 110

四十一、回手揚鏢

1. 勢不停。身左扭，右腳向後（東）撤一大步貼於左腿後；同時右手立刃劍向上揚劍，向左右畫大圓弧，劍尖在後，左劍指由西向下畫圓弧，與右手交叉於胸腹前；目視劍尖。（圖 111）

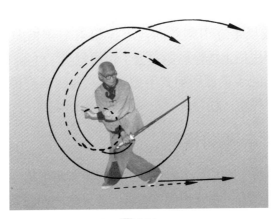

圖 111

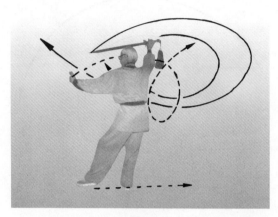

圖112

2.勢不停。左腳向後（東）撤一步；同時右手立刃劍手心向下，由左腿側向前上抽拉畫弧，繞向右上，手心向上托劍；右腿後坐，面向右（西北）；左指由右臂處向下轉腕畫圓停於劍前；上身向西北，目視劍尖。（圖112）

3.勢不停。左腳緊接著後撤（東）一步，左腿後坐，右腿前虛；右手劍向右後抽帶轉腕，向右下前（西）畫大圓弧，成反手立刃劍斜向西上撩擊；左劍指向右下畫圓弧，轉腕甩指上揚停於頭左上；目視劍尖。（圖113）

此式回手揚鏢與前式手撒金錢的運劍要連接，左右旋劍，要有輕重，快慢，要一氣呵成，顯示連貫性。

四十二、高掛雲帆

1.順勢不停。右手劍向外左擰腕轉劍畫弧成反手劍，擰撥停於左上方，劍直稍斜；右腳同起，急向左腳靠，腳尖點地；左指附於右腕上；目視西南，身微扭。（圖114）

圖113

圖114

圖115

2. 順勢不停。緊跟著右腳向西橫邁一步，左腳緊跟向右腳靠，腳尖點地；右手劍也隨同由左向外轉腕畫圓弧至右（西）撐劍，成反手斜立劍，手心向西停於右上方；身向西南，目視劍尖，左指停於右腕上。（圖115）

此劍式動作為武當劍獨特之處，向左撐撥，向右格搪，一左一右相互呼應，一陰一陽相互配合，手腕要靈活，十分有意境，式雖簡單，但其板眼明確，其味頗濃。

武當劍第三路

四十三、伏虎迎門

1. 稍停，緊接著左腳向左橫跨一步（80～90公分），成左弓步；右手劍與左劍指隨之向左下共同畫弧，右手劍轉腕變手心向上，平刃劍向左直臂橫掃，面向東；左劍指

隨之向左下轉腕畫弧甩指上揚，停於頭左上。（圖116）

　　2.右手劍橫掃後，由左（東）向上轉腕挽劍花一周，向右下抽拉帶至右肩上，劍尖向前成右弓步；左劍指由頭左上，隨右手劍順勢經胸前畫弧下按在右胯側；目視劍尖。（圖117）

圖116

圖117

四十四、瘋魔掃地

1. 微停，身體整體向左移動；右手劍由右向外轉腕畫弧，向左下儘量橫掃，運劍到位，手心向上，成左仆步；左劍指向左畫弧上揚。（圖118）

2. 右劍由左下向右下，劍離地面尺許高，手心向上，儘量橫掃向右（西）伸展到位；上身隨劍向右移動，變成右仆步，身向西傾斜。（圖119）

圖118

圖119

3. 右劍隨勢向左上（西）轉小腕畫弧，回拉轉腕，劍尖向上畫大圓；身左斜。（圖120）

4. 劍隨之轉腕急向下輕脆點擊；左腿迅速上提護襠；左劍指也由右下轉腕甩揚劍指，停於頭左上；身向南，頭西傾，站穩亮相，一氣呵成，停約3秒，目視劍尖。（圖121）

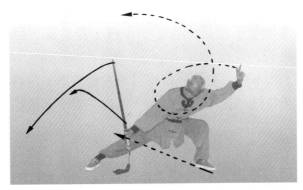

圖 120

圖 121

此式左右來回運劍、掃劍、左右仆步、傾斜互動，左右手彎轉互相配合運作，產生極強的韻律、互動感和瀟灑、飄逸感，最後亮相，站穩 3 秒，也為此式畫龍點睛精華之處，心中感受極大快慰。

四十五、蜻蜓點水

1. 亮相後，左腳向東橫邁一步，右腳後邁；左劍指，右手立刃劍分向東西；左右手同時上下，先快崩挑，後輕落下；走一步，崩挑一次，頭後扭，身前探，目斜視劍尖。（圖 122）

2. 上動不停。右腳先向東邁，左腳後邁；左右手同時上下，先快挑，後輕落；走一步挑崩一次；頭後扭，身前探，目斜視劍尖。（圖 123）

3. 上動不停。順勢左腳邁向前方，左右手向下慣性未停時，準備轉身雙腳起跳，此時左腳向前墊一步。（圖 124）

圖 122

【注意】走勢要輕巧，步勢要帥，身要有上下漂浮感，上下點劍如點水，如同一隻振翅高飛的蜻蜓舞動雙翅，整體形象要巧妙配合。

圖 123

圖 124

四十六、飛鳥出林

1. 雙腳同時用力蹬地騰空，身體急向右後轉，左腿在前右腿在後；右手劍起勢騰空時，由後抽劍向上，轉腕立刃劍向下掄劈；左劍指由右下向上翻腕畫弧。（圖125）

2. 雙腳落地時，右腳在前右，左腳在後左，成右丁字弓步；左劍指再向

圖125

左上甩指，停於左上；身微前傾，劍尖向下，目視劍尖。（圖126）

【注意】要身劍合一。劈劍與雙腳落地要同時到位。

圖126

四十七、風馳電掣

1. 身體上起，右腿由前弓向後撤步，後坐成右坐步，左腳前虛點地；右手劍轉腕，手心向上立刃劍，向左上畫大圓弧再轉向左下，抽、拉、帶，劍尖在後，手心向下，先柔後剛，向右前用立刃劍向上挑崩；左劍指由左上畫圓弧轉腕，向左上甩揚劍指，停於左上；目視劍尖。（圖127）

2. 下身不動；右手劍轉腕向左下畫圓弧，劍尖在後，再左上屈肘轉腕向右前，立刃劍向下掄劈點擊；左指由上向下畫圓弧，轉腕再向左上甩揚劍指，停於左上；目視劍尖。（圖128）

3. 左腿向後撤，下坐成左坐步，右腳變虛步，腳尖點地；右手劍由手心向下，屈肘向右上回拉劍，轉腕向右下畫大圓弧，變手心向上，反手立刃劍，直臂向右前用力向

圖127

圖128

上挑、撩；左劍指向下畫圓弧，轉腕向左上甩揚劍指，停
於左上；目視劍尖。（圖129）

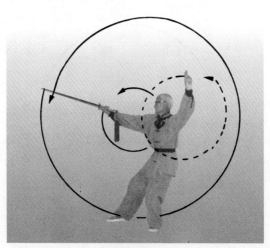

圖129

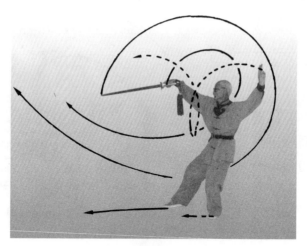

圖130

4. 下身不動；右手劍由挑、撩手心不變順勢向右下畫圓弧，屈肘回拉，手心向上，劍尖前下轉腕，畫弧向右後屈肘畫弧向上，先柔後剛，伸臂直向右前掄劈點擊；左劍指由左上向下畫圓弧轉腕；向左外甩揚劍指，停於左上；目視劍尖。（圖130）

此式左右反手立刃劍畫大圓弧，應該注意劍勢圓滑，節奏分明，手式左右，板眼清楚，點擊頓挫要輕脆。腰身隨劍而輕巧運作，不僵不挺，顯其靈活，生動，恰到好處，韻律與氣勢則全盤托出。

四十八、聞風起舞

左腳向前（西）邁一小步，右腳緊接著向前（西）右邁一大步，成右弓步；右手劍與右腳同時起動，右劍順勢由點擊向右上、右下轉腕畫大圓弧一周，手心向上，先柔

後剛，直臂向右前用力上撩，反手立刃劍；左劍指由左上向下畫圓，轉腕再向左上方甩揚劍指，停於頭左上；目視劍尖。（圖131）

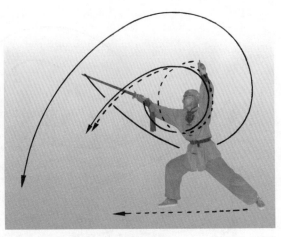

圖 131

四十九、泰山壓頂

左腳向西邁一大步，成左弓步；左劍指與右手劍劍尖向前，手心向上分往左右下回拉轉腕，向左右上畫大圓弧一周，劍尖向後，向右（西）前會合；左劍指附於右腕，右手立刃劍用先慢後快向下掄劈點擊；身前傾，目視劍尖。（圖132）

圖 132

五十、青龍擺尾

1. 身向後轉（東）180°，左右腳掌同向後轉；左右手隨轉身向兩側外斜下畫大圓弧，劍尖斜向前下（東），如擺尾狀；目視劍尖。（圖133）

2. 緊接著左右手同向上旋劍，轉腕向胸前會合，手心

圖 133

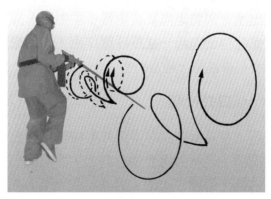

圖 133 附圖

圖 134

向上，劍尖前下；右腳回收靠近左腳側，腳尖點地；左右手再向左右外轉腕畫小圓，變手心向下，劍尖斜前，由外上向內下轉腕變手心向外，兩手形成錐狀向前（東）下用慢而快勁刺出；身前探，目視劍尖。（圖 134）

【注意】此錐形走向下刺與第一路第十二式「白蛇弄風」（4）錐形下刺動作相同。

此式扭轉身體向後甩劍，如同擺尾，左右手畫大圓弧如同青龍出水，劍勢走向要快中慢、柔中剛，顯其節奏，給下式白蛇吐信動作起一連接呼應作用，一個擺尾，一個吐信，兩者相得益彰，極富詩意。

五十一、白蛇吐信

1. 稍緩，左右手向左右兩側外平掃畫大圓弧，轉腕擰劍，劍尖向前，經兩腋處變手心向上，共向胸前會合；左劍指附於右腕，用慢中快的平刃劍向前（東）方，用力直臂刺出；同時右腳前邁一步，左腳緊跟，腳尖點地，上身

前探，目視劍尖。（圖
135）

圖 135

2. 稍緩，兩手轉腕
變手心向下，向左右兩
側外平掃畫大圓，轉腕
擰劍，劍尖向前，經兩
腋處變手心向上，共同
胸前會合，左劍指附右
腕，用慢中快的平刃劍
向東北斜方，用力直臂
刺出，同時左腳向東北前邁一步，右腳緊跟至左腳外處，
腳尖點地，身前探，頭微左扭，目視劍尖。

3. 稍緩，用慢中快的平刃劍向東南斜方，用力直臂刺
出，身向東南擰；同時右腳向東南邁出一大步，左腳跟至
右腳最外處，腳尖點地，亮鞋底；上身左傾，頭向右扭，
目視劍尖（稍頓亮相）。（圖 136）

圖 136

【注意】此劍勢老式刺劍原為直接向前三次邁步，直接刺出，既死板又乏味，形體又無變化。經過多年推敲，現刺劍時改為，第一刺向正前方（東），第二刺左斜向東北，第三刺右斜向東南，方向不一，步法不一，形體不一，此勢則活矣。

五十二、餓虎待食

左腳向後斜（西北）邁一大步，同時右腳緊跟向西北斜插，落於左腿後成左疊坐步；同時左右手由東南同向上兩側轉腕，手心向外，劍尖向上，分向左右畫大圓抽拉至坐步左膝前，劍尖斜向上；左劍指附右腕上；仰目視劍尖。（圖137）

【注意】雙手合攏與疊坐步要同時完成。畫圓要柔，疊坐要穩，攏劍要稍停頓。

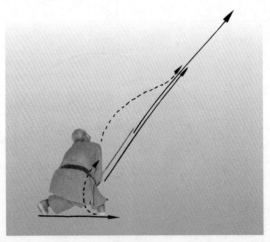

圖137

圖 138

五十三、嫦娥奔月

身體起立，向右傾斜，同時右腳向右（東）邁出一大步，落實成右獨立步；左右手同向右（東）斜上方，用柔中帶剛勁反手斜立刃劍刺向上空，右臂挺直；左腿同時儘量上提，繃腳面，護襠；左劍指停於右腕旁；上身要前傾，如騰空飛奔狀，目視劍尖。（圖138）

五十四、娥眉倒拭

右手劍由高空向右外旋劍，轉腕畫大弧，用柔中剛、慢中快的力度，向右（南）身後儘量斜掃；左腿下落站穩，右腳隨之回撤，腳尖點地；目隨劍視後方劍尖；左劍指向左外畫弧，甩指停於頭左上。兩臂成斜直線，指尖、劍尖、腳尖同時到位。（圖139）

圖139

【注意】此勢由奔月高劍刺，到低位劍倒掃，一高一低，上下呼應，形成反差對比，極具韻味。在彎轉入雲的劍勢中，好似花腔女高音的唱腔，迂迴於劍的運行間。又猛地用低八度的重音沉沉落地，其繞樑之音，起伏於心間，令人陶醉。

五十五、玉女右轉

1. 上身向左（北）扭轉，左右手由上下兩側也同向左（北）上旋劍畫圓一周，劍尖向前（西北），手背相對，手心向上，用平刃劍向胸前會合；左劍指附於右腕，目視劍尖；右腳由虛步點地迅速提起，繃腳面，護襠，上身與頭微向左扭。（圖140）

2. 稍緩，左右手由手背對手背，劍尖向前，向左右下外轉，向上旋劍，畫大圓弧，變手心向下，劍尖向左，平刃劍向右後轉身抽帶，兩臂彎伸；提右腿向右上踢擺，落

圖 140

於左腿前外側，身向右（東）轉，目視右方。此為邁第一
步。（圖141）

　　3.緊接著，身體右轉，左腿向右（南）邁步，左腳裏
撇，南落前進，身向南轉，雙臂平彎，手心向下，平刃劍
繼續向右平轉抽帶，劍尖向後，目視右方。此為邁第二
步。（圖142）

圖 141

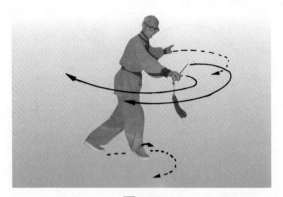

圖 142

4. 緊接著，右腳向左（北）邁步前進，腳尖右撇，面轉右（西北），手心向下，雙臂彎展，劍尖向後，平刃劍仍向右（西北）平轉抽帶，目視劍尖。此為邁第三步。（圖143）

5. 緊接著，右腳向右前（北）邁步前進，腳尖裏扣不動，準備左轉身，面向北；雙臂向外彎展，手心向下，平

圖 143

刃劍向右（東）斜下平掃；目視劍尖。此為邁第四步。
（圖144）

　　6. 緊接著，雙手由左右兩側向外轉腕，旋劍畫大圓弧
一周，變手心向上，平刃劍仍停留於原劍勢位置處，雙臂
彎展；左劍指向左（西）指，右手劍向右（東）指；上身
右傾，頭右扭，目視右劍。（圖145）

圖144

圖145

【注意】此式轉身以腰為軸，向右行步要左腳裏扣，右腳右撇，腳不太高，貼地面而行，顯其八卦步法。整體別拘謹、僵硬，要灑脫、自然，如同京劇走圓場一樣。下一式童子左行也是如此。

五十六、童子左行

1. 稍停，亮相。雙手左右（東西）手心向上，身面皆北，同時展臂，左腿上踢，向左擺腿，左腳外撇落於左前（北），頭右扭，身向左傾斜，目視劍尖。此為邁第一步。（圖146、圖147）

2. 緊接著，右腳向裏扣步，邁向左前（西）行，身向西北轉，頭扭向左（西）；雙臂微彎，外展，手心向上，右手劍劍尖向後、向左平掃帶；上身左傾，目視劍尖。此為邁第二步。（圖148）

圖146

圖 147

圖 148

3. 緊接著，左腳外撇，向南轉身邁步轉行；雙臂微彎外展，左手東南，右手西北，手心向上，右手劍劍尖在後，向左（西）平掃帶；上身微右扭，目視劍尖。此為邁第三步。（圖 149）

圖 149

4. 緊接著右腳裏扣，向左（東）邁步轉行，右腳落右前（東）一步，成右弓步；雙臂微彎，右手劍手心向上，順勢向東用力平掃，劍刃微上斜；左劍指畫弧上揚，停於頭左上；與右弓步同時到位，目視劍尖。此為邁第四步。（圖 150）

圖 150

五十七、寒山藏日

1. 上身後移直立，右手劍與右腳同時起動，右腳向上提，繃腳面，護襠成左獨立步；右手立刃劍變手心向上，抽帶至頭左上方，劍尖向前微低；左劍指附於右腕劍柄上；身向東，目視前方。（圖151）

2. 緊接著，右腳向前（東）下落一步，腳尖外撇站穩，身向東南扭轉，提左腳，繃腳面護襠成右獨立步；同時，右手劍由左上向左後抽帶畫圓向前一周，變立刃劍平托停於頭右上側，劍尖向前微低；左劍指由左上向右畫弧，停於頭右側前；目視劍尖。（圖152）

此式一左一右，形成對稱。獨立步左右迴旋彎轉，相互提腿，頗具韻律，大有美不勝收之感，使身體腿腳到老靈活不朽，也為一舉兩得之美事也。

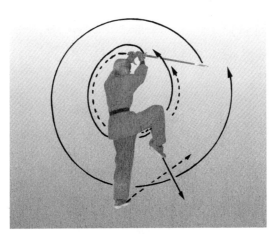

圖 151

圖 152

五十八、摘花取雀

左腳向左（東）橫邁一大步，腳尖向前，上身右轉成右弓步；右手劍由上托順勢向右前（西）掄臂向下點劈，劍尖向下；左劍指由右肩處在轉身時向左外畫圓一周甩指上揚，停於頭左斜上方，左右手臂形成斜直線；目視劍尖。（圖153）

圖 153

五十九、鐙裏藏身

上身起立後仰；同時，左右手分左右向上、向外、向下轉腕畫大圓弧一周，劍尖向前，反手立刃劍，手心向上，會合於胸前右側；左劍指附於右腕下；同時，右腿迅速提起左靠，繃腳面護襠，成左獨立步，上身向左（東）傾斜，頭右扭；目視右（西）方劍尖。（圖154）

【注意】左右手會合與右腳提起同時完成，獨立步要穩，傾斜要美。

六十、黑虎剖心

稍停。右腳下落，向右（西）邁一橫步站穩，左腳緊跟向右腳靠近，腳尖點地；與此同時，左右手同時起動，右手立刃劍用慢中快、柔中剛向右（西）擰劍，腕轉刺出，手心斜下；左劍指也由胸內側向左上翻，甩揚劍指，

圖154

圖 155

停於左斜上方；身向右（西）前探，目視劍尖。（圖
155）

六十一、穿針引線

1. 左腳向左橫邁一步，身左轉，右腳緊跟左腳；右腿
後坐，左腳尖點地；左轉時，左右手同向左前（東）展臂
橫掃，右手平刃劍手心向上，向左抽帶半圈，變手心向下
回拉至右腋下；左劍指同時向左轉腕至左腋下，翻轉指
掌，經胸前向前指，停於右劍尖側；左右手正好在胸前上
下畫圓、左右交叉，左手前指，右劍回抽，會合於胸前；
右手劍回拉時右腿正好後坐，左手前指時左腳尖正好點
地，同時到位，形成統一。（圖 156）

2. 右手正立劍，在右腋下用先柔後剛擰勁用力刺向前
（東），成反手立刃劍；左劍指在劍尖前處往回收，附於
右手劍向前刺的右腕上；左右手一來一往正好會合於胸

前；同時，左腳尖點地回撤變腳尖上翹，停於右坐步前，三者同時一體到位，目視前方。（圖157）

此式看似簡單，但構思巧妙，內含情趣，恰好用劍比喻針，畫圓好比引線，最後擰劍刺出時好比用粗線來紉大鋼針，真是珠聯璧合，恰到好處。

圖156

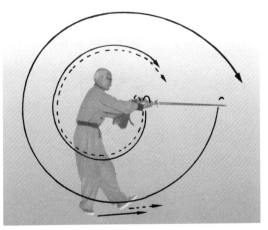

圖157

六十二、立勢高強

左劍指與右手劍由前刺各向左右兩側外下抽劍，向後轉腕，向上畫大圓弧一周，變劍尖向後，在頭前上方（東）會合，用先慢後快的剛勁向下點擊，停於頭前；左劍指附於右腕；同時左腳尖翹起，微停，向前移半步踏實，右腳緊跟左腳後，腳尖點地；目視劍尖。（圖158）

六十三、步步埋伏

1. 緊接著右腳向後（西）退邁一步，左腳尖點地成右坐步，上身右扭；右手劍由上經右胯，向後抽帶，轉腕向右上畫大圓弧一周，成正立刃劍，手心向下，劍尖前低，停於右胯旁；同時左劍指向下轉腕畫小圓向前（東）指出；退邁時，目隨劍視，前後觀望，顯其步步警惕（左指向前指，右劍往回抽，正好會合於胸前，兩手距離半尺左右）。（圖159）

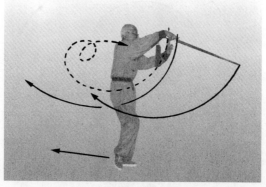

圖 158

2. 緊接，左腳向後（西）退邁一步，右腳尖點地成左坐步，上身右扭；右手劍由經右胯向後抽帶，轉腕向右上畫大圓弧一周，成正立刃劍，手心向下，劍尖前低，停於右胯旁；同時左劍指向下轉腕畫小圓向前（東）指出；退邁時，目隨劍視。（圖160）

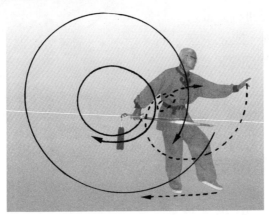

圖 159

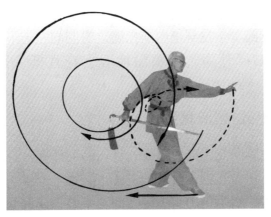

圖 160

3. 緊接，右腳向後（西）退邁一步，左腳尖點地成右坐步，上身右扭；右手劍由上經右胯向後抽帶，轉腕向右上畫大圓弧一周，成正手立刃劍，手心向下，經右胯，劍尖前低；目視左指（圖161）

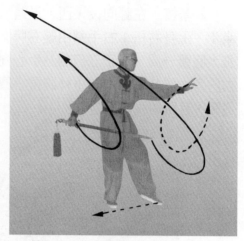

圖 161

武當劍第四路

六十四、光芒萬丈

右手劍由右胯側轉腕畫小圓，帶動劍尖向前轉動，用慢中快、柔中剛勁向斜右（西南）上崩撩，上身也跟著轉動，顯其節奏；左劍指由前指隨之畫圓向左方下按；左腳同時向右腳外邁，腳尖點地，上身直挺；目視前方（東）。（圖162）

六十五、碧海揚波

1. 左腳向左（東）橫邁一步，腳尖外撇，身隨之向左（東北）扭，右腳緊接著向左（東）邁一大步，停於左腳右側落實；右手劍由斜上轉腕向右下畫弧成反手立刃劍，手心向上，向右前上（東）托撩，劍尖微低；左腳隨之跟

進右腳後，腳尖點地；左劍指同時由左側向右手劍前上
（東）托撩，附於右腕上；頭微扭，目斜視劍尖。（圖
163）

圖 162

圖 163

23. 稍緩。左腳向左（西）前邁一步，身向左（西）轉，右腳緊跟著邁向左前，腳尖點地；左右手隨轉身分向左右後下甩指、甩劍，劍尖向下。（圖164）

圖164

3. 緊接著，左腳前邁一步；雙手由後甩劍，再向頭前上揚轉劍，再分向左右轉腕畫圓弧抽拉帶。（圖165）

4. 右腳緊接著向前邁，腳尖點地，成左坐步；同時左右手抽帶上揚，一起向頭前擰劍抱擊削撩，與腳尖點地同時到位；目視劍尖。（圖166）

5. 稍停，亮相，顯其節奏。緊接著身體向後（東）

圖165

六路真跡武當劍藝

圖 166

圖 167

轉，右腳隨之東轉向前邁一步，左腳緊跟右腳後；同時，左右手也由上方隨轉身分向左右外下，轉腕旋劍畫弧，擰劍合攏成立刃劍，劍尖向左前。（圖 167）

　　6. 雙手擰腕，擰劍會合於胸前成立刃劍；左劍指附於

圖 168

圖 169

右腕；目視劍尖。（圖168）

至此：「碧海揚波」劍式完成，其劍勢走向要運行流暢，圓滑互動，左右旋劍，下甩上揚，其板眼、節奏、美感、韻味，盡在大海波濤起伏之中。

六十六、橫斷山河

圖 170

此式與上式前後相接，造成橫斷山河，完整之勢。右手劍往回拉，變平刃橫劍後，右劍隨左腳再向前邁一大步時，右手橫劍向前用力下按；右腳緊跟著與左腳同時下蹲，成半蹲步；左指附於右腕上；目視劍尖。（圖169、圖170）

此式雖簡單，但給人以氣貫山河之勢。劍回拉，轉腕變橫劍向下按、下蹲的一剎那，它的動感既有形象之美，又有板眼節奏之韻，令人回味。

六十七、月湧江流

1.稍停，左腳離地，腳尖外撇，向前（東）落踏實；隨之身體向左（西北）轉，身體下沉，右腿隨之由屈膝變為右腿後蹩，成平直腿或稍屈（由於此式難度加大，依身體柔韌性與功底而定，可難可易，可高可低，可曲可直）；右手劍隨身左轉，向左（北）轉腕，轉劍畫圓弧，手心向上，向（西北）斜上挑撩，左右手相互抱擊；上身斜扭，頭上仰，目視劍尖；左劍指附於右腕。（圖171）

2.緊接著，右腿由左蹩步平直伸，再向右（東）仆地平直伸，成左仆步；同時左右手各畫圓弧向上轉腕，右手劍轉向右下，手心向下，平刃劍用先柔後剛勁，向右下後方平掃；左劍指由上向下轉腕，經胸前再左上甩揚劍指，

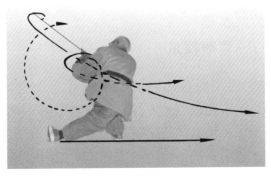

圖171

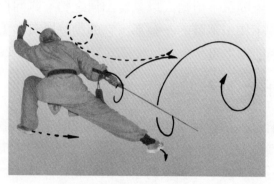

圖 172

停於頭上左方；頭右扭，上身向左（西）傾斜，目視劍尖。（圖172）

【注意】以前老式劍法是疊坐，面向東北斜方，其劍勢幅度、力度，方向與形象都看不出月湧江流的宏偉氣魄，劍式名稱更是不相吻合，經我摸索將其合理改動，也就是現在的蹩腿的新步法。就這樣，它的難度、力度、幅度和韻律美都發揮出來了。表演和比賽時，每到此處觀後都會報以熱烈掌聲與喝彩聲，並屢獲高分，這說明改後的劍法是成功的。

六十八、雲龍探爪

1. 右手劍平掃後，右腳掌向前（東）轉，身右轉（東）俯身，右腿前屈，左腿在後準備上抬；同時，左右手向右（東），手心向下，轉腕內旋，向上畫弧旋劍一周成立刃劍，劍尖向前，會合於胸前；左劍指附於右腕上；目視劍尖。（圖173）

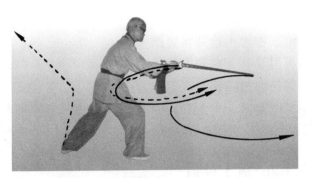

圖 173

2. 右腿站穩，找好重心，左腿由後向上慢抬；左右手
由前同時向左右下外，穩中有快地向兩側抽劍，劍尖向前
下，畫大弧轉腕向外展雙臂，劍尖向外，右手劍向前下
刺，左劍指向前斜下；左腿同時儘量上翹抬起，腳面繃直
向後蹬伸，仰頭站穩目前視。劍尖、指尖、腳尖同時到
位。（圖 174）

圖 174

此勢為劍中亮點，熟練後最好停留 3 秒鐘，達到參賽標準，可獲得高分。右獨立燕式平衡，要根據自己體能，不要強求，循序漸進，有志者定能成功。

圖 175

六十九、童子拜觀

左腿穩步下落在右腿後，右腳向後（西）退邁一步，落穩；左右手正好由前轉腕，手心向外，劍尖向上，向左右兩側畫圓；左腳迅即向上提腳，繃腳面，護襠，成右獨立步；站穩時，左右手又正好由兩側收攏於胸前，平刃劍劍尖向上微前斜，雙手向上迎送，面東，左指附於右腕；目視劍尖。（圖 175）

此勢要有一種敬仰、崇拜的誠實心態與武當武德的思想，由鍛鍊以達到心身健康，以及至高無上的真、善、美的無私境界。

七十、鳥革翬飛

1. 緊接著，左腿向後下落成左坐步，右腿由站立變虛步腳尖點地；左右手各自分開，右手劍在胸前撐腕，旋劍由左下轉右上畫弧，用先柔後剛的斜立刃劍向前上空（東南）挑崩，上身與頭上仰；同時，左劍指則由胸前向頭左上甩指停於頭左上；目斜視劍尖。（圖 176）

2. 緊接著，右手劍由右斜上，向左上撐腕旋劍，在頭

圖 176　　　　　　　圖 177

上畫弧一周，變手背向左（西北）擰劍，劍尖向上偏斜；左劍指由左上也轉腕附於右腕上；頭上扭（北），右腳準備向後邁；目視劍尖。（圖 177）

七十一、天鵝臥雪

1. 左劍指附於右腕上；身向右轉，右腳向左腳後撤邁；左右手隨轉身，右手劍由上向外擰腕旋劍向右下抽帶；左劍指跟隨變劍尖向後。（圖 178）

2. 左右腳隨轉身以腳跟為軸，向後轉身逐漸下降。

圖 178

（圖 179）

3. 左右手向雙側直臂分開（如飛行狀），身體轉成麻花狀，雙腳疊步成臥魚勢，身向南；左劍指停於左下（東北），手心向上，右手劍向右（西南）抽帶，斜微上橫掃，手心向上，雙手成一直斜線；頭向後仰扭，目視劍尖。（圖 180）

圖 179

圖 180

此劍勢，右手劍運用要圓滑、連貫，劍腕要靈活，不要死握劍；左右盤旋如展翅滑翔落地，要運轉得當，形體優美，自然大方。如身體柔韌性體能好，可儘量做到位。身體擰成麻花如臥魚狀。總之，此勢要根據身體條件、年齡與柔韌性而定，堅持就是勝利。

七十二、怪蟒翻身

身上起向左扭轉，左右腳原地不動，以腳跟為軸，與左右手同向左轉，展臂平伸；當右手平刃劍在轉至西南時，緊接著轉腕畫弧旋劍一周，平刃劍向前（東）橫掃，右腳也同時向左（東）前邁一大步，成右弓步；左劍指也畫弧向右下轉腕，再向左上甩指上揚停於頭左上，目視劍尖。右手劍橫掃，右腳前邁，左指上揚，同時到位。（圖181、圖182、圖183）

此怪蟒翻身勢，如身體起動向左快速扭轉時，可直接轉身橫掃；如果起身向左較慢扭轉時，則可轉腕向左運行

圖181

圖 182

圖 183

時加上手腕畫弧，旋劍一周，中間不顯空蕩。

七十三、禹門擊浪

1. 右腳轉腳掌向右外撇，身體右轉，左腳由後（西）向東大邁一步落於左前方，成左仆步；右手平刃劍，手心

向下，由東向外上轉腕畫弧變手心向下，快速向右（西）下，用先柔後剛勁向右後橫掃；左劍指向右下轉腕甩揚；劍指停於頭左上；上身左傾，頭右扭，目視劍尖。（圖184）

2. 身上起，左腿向後坐，身向後仰；右手立刃劍回抽拉至胸前；左指附於右腕，左腿站穩，右腳提起護襠。（圖185）

圖184

圖185

圖 186

3. 右腳、右劍、左劍指同時起動，右劍拉至胸前，轉腕向上、向前畫弧一圈，順勢向右（西）反手立刃劍，用先柔後剛勁刺出；右腳同時向右（西）用力蹬出；左劍指隨劍自右（西）指出；目視劍尖。（圖 186）

七十四、寒芒沖霄

1. 右劍、右腿向右（西）刺、蹬出後，右腿向下落實站穩，腿微屈、左腳尖點地、身微右扭；右手劍隨之抽拉至右胯旁，劍尖向上，左指附於右腕；目視前方。（圖 187）

2. 右腿站穩，找好重心，心態冷靜沉著。左腳慢慢離地向上抬起，上身向東北傾斜，

圖 187

圖188

找好平衡，左腳勾腳面趁機向前（西）上方用力蹬出，目視前方。（圖188）

此勢的老劍法中沒有左腿向西踹出這一動作，以前只有劍尖向上的靜止態勢，立於右胯。經由長期體會，也感此勢不夠完善，故而加此左腿蹬踹，右劍靜止向上，與前式「禹門擊浪」的右腿蹬出形成左右對稱，前後呼應，對比強烈，經過補充修飾而更加完美。

七十五、巧探玄機

左腿蹬出後；迅速下落，右腳向右前邁一大步，左腳隨即後跟，腳尖點地；同時，右手劍劍尖向上，左指附於右腕上，由右腿側向右前（西），用勁，反手立刃劍向上彎臂向右前斜下刺出；上身前傾，目視劍尖。（圖189）

【注意】劍刺出與左跟步要同時到位。

圖189

七十六、靈貓撲鼠

1. 左腳向左後撤，右腳緊跟其後，腳尖點地；同時，右手劍與左劍指由前下同向上轉腕抽劍畫圓，劍尖斜上，經胸前回抽停於左膝旁；目視劍尖。腳尖點地與右劍回抽，同時到位。（圖190）

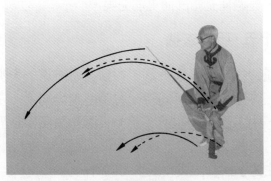

圖190

2. 左腿用力，右腳向前騰空起跳，左腳緊跟其後，輕輕落地，腳尖點地；同時，右手劍與左劍指趁騰空時，一同向前（西）斜下；手心向右外，手背向左，成反手立刃劍，用柔中帶剛勁向斜下刺出；上身前傾，目視劍尖。（圖191）

此勢如果長期鍛鍊，可使身體輕盈、靈活，如同靈貓一樣。

七十七、湖風浪遊

1. 左腳先向前（西）邁出一步，右反手立刃劍向左方下轉，左劍指指向右方，下轉在胸前相互交叉，同時向兩側、向下轉腕再向上畫弧向外，手心向上，旋劍一周，向胸前會合，左右手交叉，劍尖在前。（圖192）

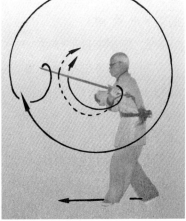

圖191　　　　　　　圖192

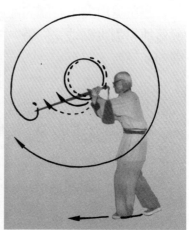

圖 193　　　　　　　圖 194

2. 右腳向前方邁一
步；左右手向左右兩側畫
圓弧一周，劍尖向前微
低；頭一同微轉動，目隨
劍視。（圖 193）

3. 左腳向前方邁一
步；左右手向左右兩側畫
圓弧一周，劍尖向前微
低；頭一同微轉動，目隨
劍視。（圖 194）

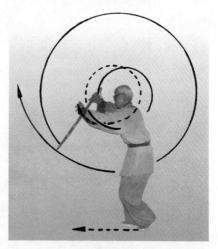

圖 195

4. 右腳向前邁出一
步；左右手向兩側畫圓弧
一圈，劍尖向前微低；頭微轉動，目隨劍視。（圖 195）

5. 當左腳前邁落實，左右手恰好由左右兩側畫弧，由

上向下抽帶時，此處正好是湖風浪遊劍勢的結尾完成。當右手劍抽帶會合於左胯時，則為代馬依風的劍勢開始，必須注意。（圖196）

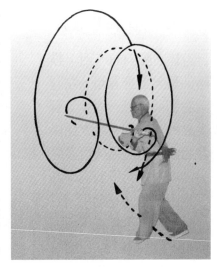

圖196

七十八、代馬依風

左右手由上畫弧向左右下落抽拉，會合於左胯旁，劍尖向上；右腿順勢屈膝，提腳，繃腳面，護襠，成左獨立步，站穩；左劍指附於右劍柄處；上身向（南）微扭，目視右前（西）方。（圖197）

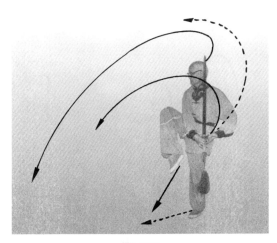

圖197

七十九、曲巷風旋

1. 右腳向右（西）橫落站穩，上身右傾，左腳向右腳前斜邁一大步，腳尖點地；同時右手立劍由左胯向右上畫弧，反手立刃劍向右前斜下刺出；左劍指由左胯向左上甩指，停於頭左上，臂直；目視劍尖。（圖198）

圖198

2. 稍緩，左腿提膝，腳面上勾，向左（西南）上抬畫圓擺腿穩落；同時，左右手由上下各自向左右分開，轉腕旋右手劍、旋左劍指畫圓一周，手心向上；上身向左（東）傾，頭右扭（西），形象優美、帥氣，目視劍尖。（圖199）

圖199

3. 右腳向左（南）前邁一步，腳尖裏扣；左右手接連旋劍、旋左指，畫圓一周。（圖200）

4. 左腳向左（東）後邁一步；左右手再接連旋劍畫大圓弧向前；右腳緊跟前邁，目視劍尖。（圖201）

到此「曲巷風旋」劍式完成。旋劍運行時要有帥氣、瀟灑、飄懸之美感，身也傾斜隨劍而動。

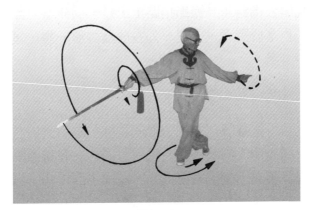

圖200

圖201

八十、漁郎問津

左右手在向前斜畫弧時，右腳向前邁步，腳尖點地成左坐步；右手劍向前斜上用立刃劍發力抱擊，發出響聲，目視劍尖。（圖 202）

此式較簡單，但其內涵深遠。漁郎拱手向艄公問津，下一式艄公指路（為漁郎指路），這一問一答，頗具生活情趣，也富於詩意，內在、外在成為神形一體，這是此劍的奧妙之處。

八十一、艄公指路

左右手抱擊後，左劍指附於右腕，右手劍向右外轉腕畫圓一周，劍尖向前，左右臂屈肘同往右肩處回抽，手心向外成反手立刃劍，右腿挺立，左腿迅速提起，繃腳面護

圖 202

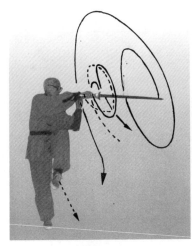

圖 203　　　　　　　圖 204

襠，成右獨立步，身向南，面向東；立刃劍由右肩順勢向東用脆勁直臂刺出，目視劍尖。（圖203）

八十二、流螢百轉

1. 右手劍由左（東）屈肘轉腕向左下後轉，劍尖向下斜前，左腳下落踩實，右腳尖點地；左劍指跟隨右劍；身向左（北）扭，目視劍尖，隨劍轉動。（圖204）

2. 上動不停。右腿上提勾腳面；右手劍劍尖由下向左上畫大圓，高於頭，立刃劍，劍尖向前；身向右（南）扭，左劍指高於頭左上方；目視斜下。（圖205）

3. 上動不停。右腳向右（北）勾腳下落，身由南向北轉時，右手劍由頭前向右（北）下，劍尖向前畫圓，穿向右（東）上畫圓；左腿準備上提；左劍指跟隨右手旁；目視劍後。（圖206）

圖205　　　　　　　　圖206

4.上動不停。左腿提起勾腳面，護襠，身向後（南）轉；右手劍劍尖向前，由頭前向右（西）下畫大圓弧，目隨劍視；左劍指跟隨右手左側。（圖207）

5.上動不停。左腳向左下落、向後轉身時（南），左腳腕向外撇，腳尖向後，轉身擰成交叉步；右手劍由頭前向下畫弧，向後轉身（南）穿劍向上，刃分左右，停於腰旁，左劍指附於右腕，扭頭目視劍尖。（圖208）

6.右腳由左向右（西）橫邁一步，左腳隨之向右（西）橫邁，落於右腳斜

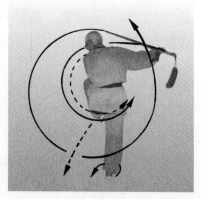

圖207

圖 208　　　　　　　　圖 209

前，虛步點地；右手劍與左腳同時起動，右手劍由左腰向
右上、右下畫圓弧，立刃劍斜向下反刺，目隨劍視，左劍
指由右腕分向頭左上，左右手直臂成斜線。（圖 209、圖
210）

圖 210

八十三、釜底抽薪

1. 左腳向左後（東）斜撤一步，腳尖外撇；右手劍與右腳同時向左（東）起動，右手劍由右（西南）向左（東）、向下轉腕畫大圓弧一周，扭身向左，用先柔後剛的抽勁轉腕，向身後（東北）斜下方削擊；右腳同時向左腳後撤插步，腳尖觸地，腳底揚起，與右劍尖同時到位，左劍指附於右腕上；頭向東扭，傾斜，目視劍尖。（圖211）

2. 緊接著，右手劍與右腳同時起動，左劍指附於右腕，右手劍由左斜下（東北）轉腕，畫大圓弧抽帶，變手心向下，平刃劍向右前儘量拉帶，停於頭右上方，劍尖向左；頭微低，右腳由左後向右前（南）橫邁出一大步，成右弓步；上身右傾，頭微扭，目視劍尖。（圖212）

到此，「釜底抽薪」一式則算完成。由右到左，由反

圖211

圖 212

到正，再由左到右，其
抽、拉、削、擊、帶，要
用緩中急、慢中快、柔中
剛等不同的運劍方式，顯
其抽薪多變之勢。

八十四、沂水托蘭

右劍向右橫抽後，上
身向左移動重心，成馬
步；右手劍與左劍指手心
向下，同在胸前向外上畫

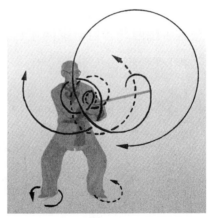

圖 213

圓一周，平刃劍劍尖向前，左手抱右手，向胸前會合、抱
擊，發出響聲，形成托蘭狀。（圖 213）

武當劍第五路

八十五、指日高升

雙手抱擊後，緊跟著各自左右向上畫弧；與此同時，左腳以腳跟為軸，右腳以前掌為軸，起身轉動雙腳，向左（北）後扭轉身體，擰成麻花勢向下坐盤；左右手在轉身畫弧時再由下向西北斜上方，用先柔後剛勁直穿刺出，左劍指附於右手腕；頭上揚，目視劍尖。（圖214、圖215）

此式向後穿刺而出與扭身坐盤同時到位。

八十六、騰蛇入洞騰

稍停，身上起，左右手同時起動，右腳向右後（東）退邁，左腳緊跟後撤於右腳後，成左坐步，右腳尖點地；左右手由西北各自分別向左右外下轉腕畫圓一周，右手劍

圖214

劍尖由上向右身後轉腕，成反手立刃劍，斜向下刺；左劍指向左外轉腕甩指，停於頭左上，左右臂成斜直線；挺身，頭向後扭，身向西北，目視劍尖。（圖216）

圖215

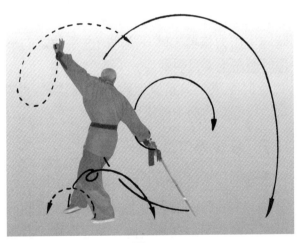

圖216

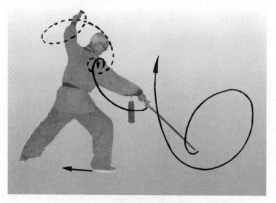

圖 217

八十七、陸地飛騰

身向西，左腿坐步，蓄力做好騰空轉體準備，右腿屈膝提起，準備揚甩騰空；與右手劍同起動，右手劍由右後（東），向左上旋劍迅速轉身；右腳趁勢甩腿上揚，帶動左腿爆發騰空，迅速向右轉身；右劍隨之迅速上旋，趁轉身下落時向下用力掄劈，轉身落地時左手隨之向下畫圓甩劍指，停於頭左上；目視劍尖。（圖217）

此式看似簡單，但須原地轉身、騰空、即過去所說的：「旱地拔蔥」的另一種稱法。

八十八、暴虎憑河

上身向後坐成左坐步，右腳後撤半步，腳尖點地；左右手手心向下，同時向胸前由上向下，內轉畫圓一周，劍尖向前，左手與右手斜立劍相抱，向上撩擊，發出響聲；頭仰視劍尖（面東）。（圖218）

圖 218

八十九、撒手飛砂

　　手與腳同時起動、抱擊後，手心向上，左右手分向兩側，各自在胸前畫小平圓，抖甩劍尖，抖轉左劍指向後上揚，抖撒拋擊，劍尖斜向後；同時右腳向右前邁步，左腳緊接向右腳側跟，腳尖點地，挺身，目視前方（東）。（圖 219）

九十、巨蠍反尾

圖 219

　　1. 左腳向左（西）橫邁一步，右腳向左腳緊跟，腳尖點地；右劍與右腳同時起動，右手劍由後拋轉腕，劍尖向

圖 220

上畫大圓弧，轉身向左後下穿刺轉向左上挑劍擰腕。（圖220）

2. 在頭上向右外旋劍一周，劍尖斜向上，手心向外，停於頭左上；同時，右腳向右橫邁一大步，與右手劍同動，左腳向右腳緊跟，腳尖點地，與右手劍向右擰劍同時到位。（圖221、圖222）

3. 右手上斜立刃劍隨身轉，順勢向左（西），用先柔後剛之

圖 221

圖 222

圖 223

勁反手立刃劍直臂向前斜下刺出；同時左腳也向左（西）前
邁出一大步，成左弓步；左劍指由上右向左下轉腕，向上甩
揚，劍指停於頭左上；身前傾，目視劍尖。（圖223）

此劍勢由右畫弧到左下，再由左到右上擰腕，就如同飛機向下俯衝，又如調轉機頭猛然沖向藍天，氣勢如虹，非常別致，也顯示巨蠍反尾的優美姿態。

九十一、石破驚天

1. 接上勢「巨蠍反尾」。右手劍向前斜下刺的一剎那，也即為此式石破驚天的起勢，兩者之間銜接得非常緊密。

2. 左劍指與右手劍由原位在頭前向兩側上擰腕旋劍一周，在頭上相互抱擊成反手立刃劍，並發出響聲，顯示劍擊長空狀；右腳同時向前（西）邁出一步，腳尖點地成左坐步；目仰視劍尖。（圖224）

圖224　　　　　圖225

九十二、撥草尋蛇

1. 面西：左右手由抱擊分向左右兩側外，手心向下，劍尖斜向外撥劍；右腳向後退一步，左腿後坐；左右手手心向上，向裏斜撥劍。（圖225）

2. 左右手手心向下，向左右外側劍尖斜撥；左腳向後退一步，腳尖點地，右腿後坐；左右手手心向上、向裏斜撥劍。（圖226、圖227）

九十三、驚蛇入草

右腿站穩，左腳提起，繃腳面護襠，精神集中，左腳下落，迅急蹬地，彈跳騰空，右腳屈膝緊跟同起；左劍指、右手劍劍尖向前，起跳時由腹前接連畫兩個平圓劍，落地時向前（西）方用平刃劍直臂刺出；左右腳也同時前後疊步下坐成坐盤式或歇步式，上身前探，目視劍尖。

圖 226

圖 227

（圖 228、圖 229、圖 230、圖 231）

　　此勢也為亮點。騰空時高、飄、輕、遠，落地無聲，顯其入草迅急即逝無蹤跡，其形優美。

圖 228

圖 229

圖 230

圖 231

九十四、三華聚頂

1. 身上起，向右轉（北），右腳向右後撤一大步，左腳緊接著向右腿窩處緊貼；右手劍手心向上、向左轉腕，變手心向下、向右後（北）抽劍拉帶；身向西扭，上身傾斜；左劍指跟隨右手劍，停於右肩側；頭右（北）扭，目視劍尖。（圖 232）

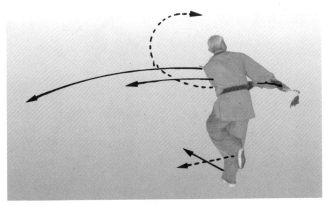

圖 232

2. 緊接著，身向左（西）轉，左腳向前左落步，踏實，右腳緊接著向左腿窩處緊貼；右手劍手心向上，由右（東）後向左前橫抹帶，劍尖向前（西）；左劍指由右肩側向下轉腕，甩揚劍指，停於頭左上方；身向前（西），上身後仰，斜視劍尖。（圖233）

3. 緊接著，右腳向後（東）撤一步，身向右（北）轉；右手劍尖向下、向右後抽帶，左腳接著向右腿窩處緊貼；左劍指向下畫圓，再上揚甩指，停於頭左上；身向北，頭向右後扭，目斜視後劍尖。（圖234）

4. 緊接著，左腳向左前（西）邁出，右腳隨之向左腿窩處緊貼；右手與右腳同動，右手劍由右後（東）向右前畫大圓弧，轉身向左（西），由上向下（西）直臂掄劈，點擊，劍尖向下；身微後仰，目視劍尖；左劍指向下轉圓畫弧，甩揚劍指停於頭左上。（圖235）

圖233

此勢亮相優美，右手劍左右前後來回，左右腳互相輪換貼腿，感受到大自然中的日、月、星三華聚頂之勢態。

圖234

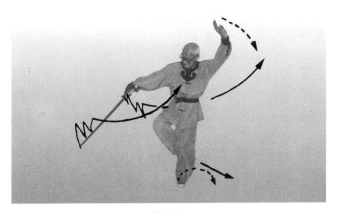

圖235

圖236

九十五、虹光閃閃

右手劍由掄劈變平刃劍，向左右擺動手腕（見圖235
走勢圖），往回抽拉至右胸前；身向右（北）轉，右腳向後
（東）撤一步，左腳也隨即橫邁，向右腳靠近，腳尖點地，
上身微扭前傾；左劍指附於右手腕；目視劍尖。（圖236）

九十六、干將直入

左腳向左前（西）邁出一大步，成左弓步，身前傾；右
手劍隨即向左前（西）方，斜刃劍向下刺；左劍指由胸前向
下轉向左甩揚劍指，停於頭左上方；目視劍尖。（圖237）

九十七、一鶴沖天

1. 身向右轉（北）；左劍指附於右腕，一同由左下屈
肘向右上畫弧，手心向外，同向右下抽劍拉至左胯旁，劍

圖 237

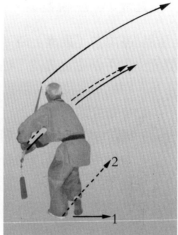

圖 238

尖向上；右腳同時向左腳
靠近，腳尖點地。（圖
238）

　　2. 身向右轉（東），
右腳向右後邁一步，腳尖
向（南）；左劍指附右
腕，右手劍向右（東）上
空斜直刺；同時左腳也上
提。（圖 239）

圖 239

九十八、虎視眈眈

1. 身向右（東南）時，左腳下落，右腳向上提起上勾腳面；右手劍由上刺向下抽劍，屈肘向右上轉腕變劍尖向下紮，左劍指跟隨於右手旁；

2. 身向右轉（東南），下紮劍隨轉身向上旋劍；

3. 轉腕旋撐劍尖向右（西）前；

4. 右腳由南向西隨轉身撐腕旋劍向右前（西），右腿向上擺腿勾腳；

5. 右腿向上擺腿勾腳，下落在左腿前，左劍指跟隨於右手旁；

6. 身下坐成歇步，右手劍由頭前轉劍變劍尖向前，左劍指由頭前向（西）直臂指出，右手劍往後拉，劍尖停於頭前，目視劍尖。（圖240、圖241、圖242、圖243、圖244、圖245）

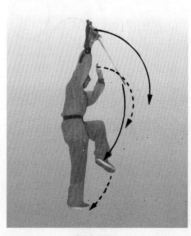

圖240

圖241

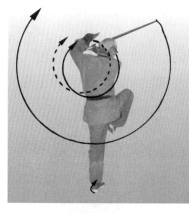

圖 242

圖 243

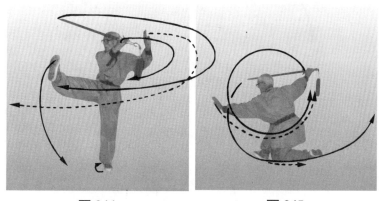

圖 244　　　　　　　　　圖 245

九十九、餓虎撲食

1. 身上起，右手劍由前順勢扭身向左，立刃劍也由前向左後胯穿擰，變手心向裏；左劍指由前附於右腕，一同

向上畫圓弧；目視前方，左腿屈，右腳尖點地，準備起跳。（圖246）

2. 右腳用力向前（西）騰空，左腳隨即躍起跟進在後，右腳先、左腳後著地；右腳騰空時，右手劍由左胯向左上畫大圓弧，轉腕用力向下（西）猛點擊，劍尖微低；身前傾，目視劍尖。（圖247）

【注意】劍向下猛擊與左右腳著地同時到位。

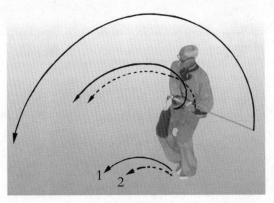

圖246

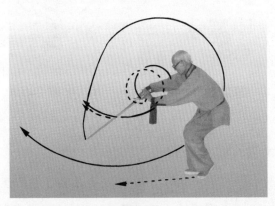

圖247

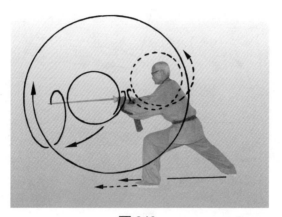

圖 248

一〇〇、網解三面

1. 左腳向右（西）橫邁一步，成左弓步，身向左扭轉；左右手分向兩側東西由下向上畫圓；緊接著右腳向右（西）橫邁，左腳也隨即向右後插步；右手劍向上挑，劍尖向上，右手停於右胯側，左指向下畫圓，甩揚，劍指停於頭左上；目視劍尖。（圖248、圖249）

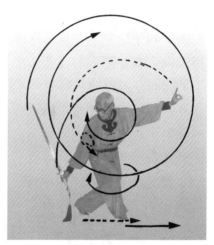

圖 249

2. 左腳向左（東）橫邁一步（見圖247），面南，右腳緊跟向左腳後插步成歇步；左右手再由胸前向內下旋

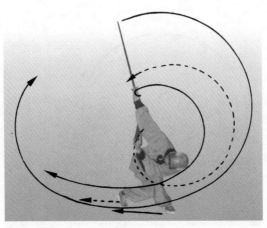

圖 250

劍，轉向外挑崩，劍尖向上，再向右上轉腕畫弧，變手心
向裏，向下抽劍至左胸，擰腕轉臂向右外成反手立刃劍，
擰刺向上空；頭向右（西）上扭，目視劍尖；左劍指向右
下轉腕向左，停於右肩旁。（圖250）

3. 右腳向右（西）橫邁一步，左腳緊跟向右腳後插，
成疊坐步；左右手同時動，右手劍由上空向左下轉腕向右
挑崩，劍尖向上，直臂停於右下方（西）；左劍指由右肩
向下畫弧，轉腕向左上甩揚，停於頭左上；目視劍尖。
（圖251）

一〇一、力剁恨石

右腿向右起身站，左腿隨即提起，繃腳面護襠，面向
右（西）；左右手同時向左下轉腕，轉劍，向右下畫大圓
弧，用先慢柔，後快剛之勁向右（西）下方立刃劍圓滑點
擊，劍尖向下；同時，左劍指向左上畫圓甩揚，停於頭左

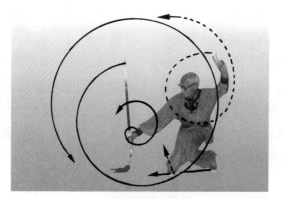

圖 251

圖 252

上，成右獨立步；低頭目視劍尖。（圖252）

一〇二、烏鵲飛空

1.亮相稍停。左腿向南慢抬直伸，擺腳畫弧，腳面上勾，向左撤，自然下落在左前（東南），上身向（東）傾斜；同時，左右手各自在兩側轉腕，旋劍，畫立圓一周，手心向上，向左（東南）轉身。

2.緊接著左右手隨轉身，手心向上，平刃劍，上下起伏一次，右腳裏扣，緊接著向前邁一步。

3.左右手再上下起伏一次，左腳左撤，向前邁一步。

4.左右手上下再起伏，右腳裏扣前邁，停於左腳前，右手劍停於前（東）斜下，左劍指停於左側後，目視劍尖。

5.稍緩，身向左轉面（北），左右手向上抽劍拉至胸前，左劍指畫小弧停於頭左上，同時，右腿上提，與抽劍

圖 253

圖 254

於胸前同時到位。左腿站穩，心態平和。

6. 右腳由北，轉身向右（東）踏地起跳，用力騰空向後轉體一周約 360°；左腳先、右腳後落地成馬步，上身向右傾；右手劍在騰空時甩平刃劍向東橫掃，手心向下，停於右（東）方；左劍指也停於左方，指尖上翹；目視劍尖。（圖 253、圖 254、圖 255、圖 256、圖 257、圖 258）

圖 255

圖 256

圖 257

圖 258

一〇三、一帆風順

1. 右手劍由右（東）手心向下向左（西）頭上翻腕、轉劍盤旋一周，變手心向上，成刁把立刃劍上托，劍尖向右前低；左劍指向右畫圓轉腕，停於右手劍柄後；身向右

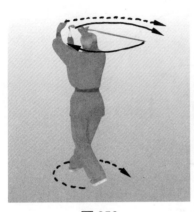

圖 259

圖 260

轉 90°，右腳向右裏撇邁一
小步，隨之左腳裏扣，向右
（東）轉邁前進一步；頭右
扭，目視劍尖。（圖 259）

　2. 緊接著，右手劍與左
劍指之勢不變；右腳向右
（西）轉邁，向外撇，前進
一步，頭右扭，目視劍尖。
（圖 260）

　3. 緊接著，右手劍與左
劍指原位不變；左腳裏扣，

圖 261

向右前（西）轉邁一步，身向右（東）轉，變右弓步；右
手劍隨之由左肩向右（東），反手立刃劍直臂向右（東）
刺出，左劍指由左肩上轉腕畫圓弧，甩揚劍指停在頭左
上，目視劍尖。（圖 261、圖 262）

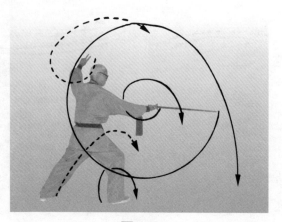

圖 262

一○四、中流擊楫

　　緊接著，右手劍向外由右下（東）轉腕向右前（東）掄臂向下直劈點擊；左劍指由右下向左上甩揚劍指停於頭上；同時右腿騰空，左腿提起，屈膝護襠，右腿穩健下落成右獨立步；上身前傾，目視劍尖。（圖263）

圖 263

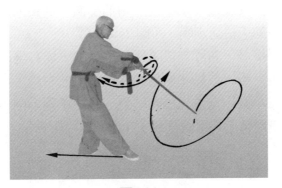

圖 264

一〇五、卻步連環

1.亮相稍停。左腳向後（西）撤一步，成左坐式，緊跟左劍指落於右腕，右手劍向下點擊坐步時，向右下轉腕畫圓一周向左上圈劍，劍柄小圈，劍尖大圈，腰也隨劍而轉動；目隨劍視。（圖264）

圖 265

2.緊接著，右腳向後（西）撤一步，成右坐勢，左腳向後拉退一步成腳尖點地；左劍指附於右腕，右劍向右下轉腕畫小圓，向左上圈劍一周，劍柄小圈，劍尖大圈，腰也隨劍而轉動；目隨劍視。（圖265）

3.緊接著，左腳向後（西）撤一步，成左坐勢，右腳向後拉退一步成腳尖點地；左劍指附於右腕，右劍向右下

轉腕畫小圈向左上圈劍一周，劍柄小圈、劍尖大圈，腰也隨劍而轉動；目隨劍視。（圖266）

4.緊接著，右腳向後（西）撤一步，成右坐勢，左腳向後拉退一步，成腳尖點地；左劍指附於右腕，右劍向右下轉腕畫小圓，向左上圈劍一周，劍柄小圈，劍尖大圈，腰也隨劍而轉動；目隨劍視。（圖267）

圖266

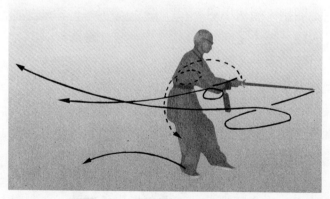

圖267

武當劍第六路

一○六、伏獅當沖

緊接，左腳向後（西）撤一步，成坐勢，右手劍由右向左上轉腕畫弧時，身右（南）轉，隨之右腳向右橫邁一大步，成右仆步，右手劍同時畫弧向右（南），在轉身時劍向右（西）斜上方橫掃撩擊，手心向上；左劍指附腕畫弧時也向左下直臂伸展，與右手劍形成斜直線，手心向下，劍指微翹；目視左（東）方。（圖268）

一○七、娥眉淡掃

右手劍在右（西）斜上方成右仆步時，右腿順勢屈膝用力向上支撐身體，移動重心，左腳外撤，向左（東）轉身成左坐步；右手劍、左劍指與右腳同時起動，右腳迅疾向左（東）橫邁一大步，落於左腿右前，腳尖點地；左指

圖268

圖269

右手劍也隨轉身向左（東）上轉腕，兩手手心向下，旋劍翻轉一周，變手心向上，在頭前畫大圓弧，左右手在胸前會合抱擊，左手變掌，右手在下，平刃劍尖向前（東）；目視劍尖。（圖269）

一〇八、撥雲瞻日

1. 左腳腳尖裏扣，向右（西南）轉腳尖邁出，身體隨之右轉，左腿後坐，右腳向西南，腳尖點地；同時，向右轉身時左右手由抱擊向左右（東西）平分開，右手心向上握平刃劍，左劍指手心向下，平轉肩，轉腰，先慢後快，向左右來回抖動，帶動劍尖左右撥動；目隨劍視。（圖270）

2. 接著，雙腳尖西轉，身向右（西）轉成後坐，右腳尖點地；左右手不停，再抖動劍指，手腕，劍尖；雙肩與轉腰面向西，目隨劍視。（圖271）

此勢手、腕、肩、腰轉動互擺，帶動全身使血液周流，同時給人以旋律、美感的享受。

圖 270

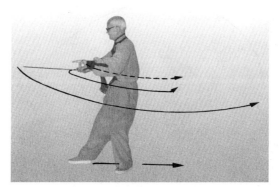

圖 271

一〇九、鐵畫銀鉤

1. 面向西，身向左扭（南），右腳向後（東）撤一步；左右手由抖劍、抖指順勢向左平抽帶，畫圓弧於左胯旁，劍尖在後不停，左指畫圓，跟隨於左胯旁；目隨劍視。（圖272）

圖 272

圖 273

2. 緊接著，左腳抬起，身由左向右扭；右手劍由左胯轉腕畫弧向右胯後抽帶，立刃劍；左劍指由左胯向內翻腕，向下轉指畫弧一圈，經左腋指向胸前；目隨劍視。（圖 273）

3. 右手劍由右後立刃劍向右上前轉腕、抽帶，劍尖在後畫大圓弧至胸前，劍尖向前上；左腳向前邁一大步，右腳及時抬腿貼向左小腿；左劍指不停由前指向右下轉腕，再向右胸前翻掌，畫圓弧一圈穿向胸前上與右手劍會合，左劍指附於右腕，與右腳貼左腿同步到位；目隨劍視。（圖274）

圖274

4. 左劍指附於右腕，右手立刃劍，劍尖前斜，由胸前往右胯回抽；右腳向後撤一步，左腳迅速向上提膝護襠、繃腳面，右腿站穩；目視前方。（圖275）

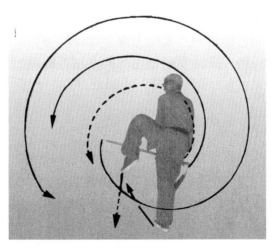

圖275

【注意】左腿上提與左右手向左胯回抽劍要同時到位。

一一〇、懸針垂露

緊接著，左腳下落站穩；左劍指與右手劍由右胯旁回抽轉腕、轉肘向上轉至頭右側，劍尖在前向右下紮；右腳順勢上提繃腳面；左劍指在回抽時順勢從右腕停於劍旁胸前；目視劍尖，身微前傾。（圖276）

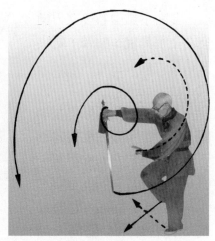

圖 276

一一一、夕陽普照

緊接著，當右手向右下紮時，右腳下落，當右劍向左轉腕畫弧向上挑劍時，左腿上提，正好反手立刃劍向右下（西）方斜刺，同時左劍指由胸前向左外轉腕甩指上揚，停於頭左上；上身右傾，目下視劍尖。（圖277）

一一二、避戰三舍

1. 左腿向左（東）橫邁一大步，成左仆步；右手斜立刃劍向左上抽帶畫弧，向左下轉腕，手心向下，向右（西）斜下橫掃；左劍指由左上向下轉腕畫小圓，直臂甩指上揚，停於頭左上；上身左傾，目視劍尖，左右臂成斜直線。（圖278）

六路真踪武當劍藝

圖 277

圖 278

2. 緊接著，右腿向左腿後插成左疊步；同時，左劍指
與右手劍由兩側向頭前抽劍畫圓弧旋劍一周，手心向上，
平刃劍，用先柔後剛之勁向左下橫削；左劍指由左轉腕向
上畫圓一周，手心向下停於右肩旁（西）；扭頭左（東）

目視劍尖。（圖279）

3. 稍緩，左腳向左（東）橫邁一大步，成左仆步；右手斜立刃劍向左上抽帶畫弧，向左下轉腕，手心向下，向右（西）斜下橫掃，左劍指由左上向下轉腕畫小圓，直臂甩指上揚，停於頭左上；上身左傾，目視劍尖，左右臂成斜直線。（圖280）

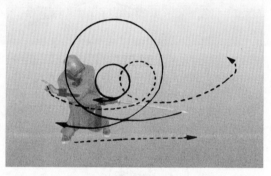

圖279

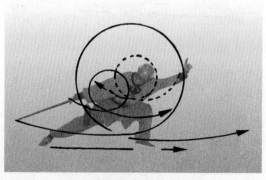

圖280

4. 動作與動作 2 相同。（圖 281）

5. 動作與動作 1 相同。（圖 282）

一一三、金鼎升煙

緊接著，上身起動，重心右移，右腿微屈稍後坐，左腳掌與上身向左（東）一起轉動；左指由左，右手劍由右

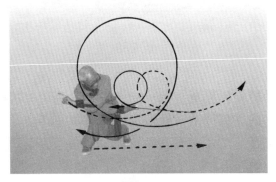

圖 281

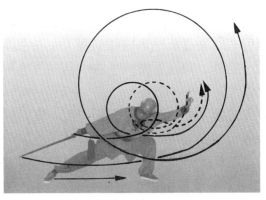

圖 282

圖 283

同向頭前轉腕指畫圓旋劍一周，劍尖向前，左指抱右手劍右腳穩健向左腳後插成疊坐步，與右劍同時到位；會合後再向頭前用平刃劍先慢後快向上空斜前穿出（圖 283）。此時真的猶如金鼎內升起祥煙，給人們帶來無比的歡快。

一一四、鷹隼擊物

1. 面向東，身上起向右扭（南），右腳後退一步，左腳緊接著向右腿窩處緊貼，屈膝站穩；左右手同時由頭上各自分開，向外、向後下轉腕，右手劍向後抽劍，劍尖向後、向上畫大圓弧。（圖 284）

2. 身向左扭（東北），立刃劍向前（東）探身，直臂和向下掄劈，劍尖向下；左腿迅即向前（東）邁步屈膝，右腳緊向左膝窩處緊貼站穩，劍向下掄劈（與右腳緊貼膝窩同時完成）；左劍指由左上向下轉腕再向左上甩揚劍指，停於頭左上；目視劍尖。（圖 285）

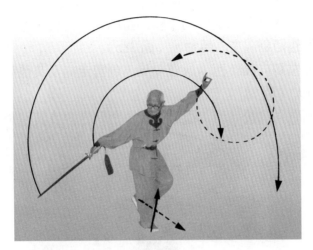

圖 284

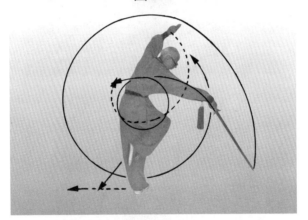

圖 285

一一五、青山紛雪

1. 右腳向後（西）退邁一步；右手劍和左劍指各向左右同動，右手劍向左肩上抽劍，左劍指向右肩下畫圓，左右手在胸前十字交叉，經左右肩向下轉腕十字交叉，各向

左右外上，右手抽劍各向下轉腕畫弧變手心向上，劍尖向前，頭也隨劍向左右轉動。（圖286）

2. 左腳向後（西）退邁一步，劍勢走向及其他動作同動作1。（圖287）

3. 右腳向後（西）退邁一步，劍勢走向及其他動作同

圖286

圖287

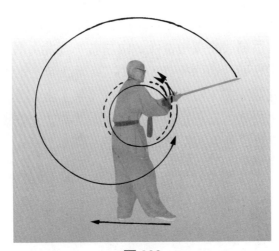

圖 288

動作 2。（圖 288）

　　【注意】此勢左右走向十字交叉要圓滑靈活、接連不斷，顯示雪勢紛飛狀。

　　此劍勢與一二八式「獅首迎風」相近似，學練時可參考對照。

一一六、鳳凰展翅

圖 289

　　1. 左腳向後（西）退邁一步；左右手正好交叉左右畫弧，右手劍向右下、向左、向後（西）轉臂，劍尖在前。（圖 289）

　　2. 左右腳以腳跟做軸，雙腳尖隨同身體一同向後

（西）轉，左腿找好重心準備做平衡動作（圖 290）

3.右手劍與左劍指畫弧，由左右（南北）展臂，平刃劍，劍尖在前，面西扭身，劍由右（北）向左（南）畫平面圓弧向後穿刺；右腳同時伸向後（東）上方，腳尖上翹成獨立平衡式，左劍指與右手同向頭前靠近，左劍指附於右腕上；目視劍尖。（圖 291）

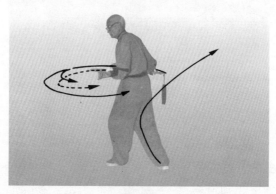

圖 290

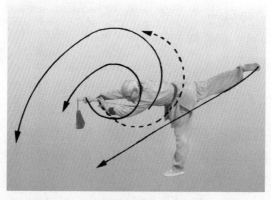

圖 291

【注意】劍尖、腳尖、左指尖要同時到位，平衡獨立亮相。此獨立平衡最好保持3秒鐘。

——七、落霞迷津

右腳穩妥地向右前（西）下落一大步，成右弓步；同時，右劍由頭前轉腕，立刃劍，向右前（西）探身，掄臂下劈；左劍指由右腕處向下翻指甩揚，停頭左上，左右手臂成斜直線；上身向前（西）傾，目視劍尖。（圖292）

——八、孤鶩沉江

右腳向後（東偏北）退邁一大步，腳尖向前，身右（北）轉；同時，右手立刃劍，由西斜向上轉腕，手心向外、向後（東偏北）畫大圓弧，先柔後剛，直臂向下掄劈；右腳向後退邁，左腳迅即向右腳後倒插，成疊步，腳

圖292

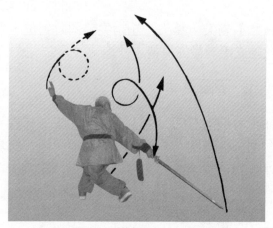

圖 293

跟離地；左劍指由頭左向右下畫圓，在轉身時正好停於疊步斜上方，與右手劍形成斜直線；身向北，頭右扭，目視劍尖。（圖 293）

【注意】右劍尖，左劍指與倒插步要同時到位完成。

一一九、雲霞獻彩

疊步完成轉身上起，面東北，雙腿微屈，右腳虛步，腳尖點地，上身後仰，準備上踢，找好重心，站穩；此時正好右手劍在前，左劍指在後，同時向左胸前會合，回抽，右反手立刃劍，劍尖在前，轉腕，向裏、向上畫弧（準備撩擊）；此時右腳上勾，穩健地向東北方上空用力蹬出或踢出，暫不下落；正好右手立刃劍，劍在右腿左側，向東北上空撩擊；左劍指也同時轉腕向左上甩揚劍指。（圖 294）

圖 294

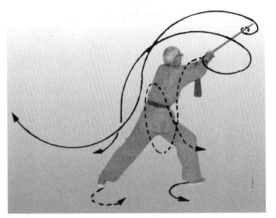

圖 295

一二〇、敬德托鞭

左右手向上反撩擊後，右腿下落至左腿前，成右弓步；兩手手心向外，隨即向上旋劍，劍尖在前，左右手手心向上，轉腕各自向左右畫大圓弧，右手劍，左手變掌，同時向東北斜上方合抱立刃劍，用力向上撩擊，發出響聲；頭上仰，身前探，面向東北，目視劍尖。（圖 295）

圖 296

【注意】此時劍法已近尾聲，左右相互抱擊，發出聲響，心身為之一振，形神兼備，托鞭之力與其節奏完美統一。

一二一、長橋臥波

1. 左右手抱擊後，稍停，各自由東北向下兩側畫弧；上身向左後（南）轉，左右腳原地不動，以腳跟為軸，雙腳尖向後（南）擰轉；右手劍則順勢向右上畫弧，劍尖向上。（圖296）

2. 趁向左後擰上身時，劍尖由右上畫弧向左下轉腕畫弧，向右上反手立刃劍，斜刺穿向西南，左劍指向左下畫圓，再甩向左後方，手心向下；雙腳擰轉下坐後，成仰身，右臥魚式；左右手臂與劍成直斜線；目視左方。（圖297）

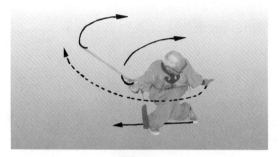

圖 297

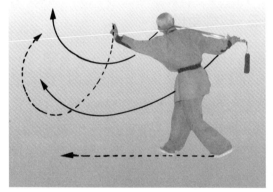

圖 298

一二二、月朗星稀

1. 起身，右腳向（西）右橫邁一步，成叉步，腳尖向北，身向右後轉（北）；擰身時，右手立刃劍由左上轉右下畫圓，抽劍，待身轉成向北時，再向右上抽劍畫圓，劍尖向前左；左劍指隨轉身由右下向左上畫圓一周，轉指向左；目隨劍視。（圖298）

2. 左腿由叉步向左横（西）跨一大步，成左仆步；同時，右手劍由右前劍尖在左，稍低，屈肘抽拉，向左腋下穿挑，平刃立劍貼於左臂後；左劍指畫圓後甩指，停於頭左上；身向北，上身左傾（西），扭頭目視右方（東）。（圖 299）

【注意】立劍貼臂與仆步同時完成。立劍貼臂不要靠緊，得有空間，免傷皮膚。此式很優美，劍路走向大圓之中套左右小圓，右小圓沖出大圓奔向天空，靜中有動，顯示星、月之間親密關係與內涵。

一二三、綠柳垂陰

身上起，右腳向左腳後旁橫撤，落實站穩，左右手同時起動，身向（東）右轉；右手劍由左腕下向右下（東）抽劍轉身向內畫弧，向右上，手心向外，成反手托立刃劍，劍尖向前微低，停於頭上方；在右手向右成托劍時，左腿也向東、向上提膝護襠，繃腳面；左指在轉身時肘部向右轉上畫

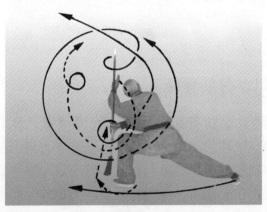

圖 299

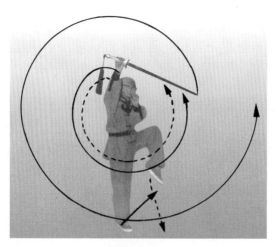

圖 300

弧，停於右腕旁；目視前
方（東）。（圖300）

一二四、銀鉤釣月

左腳向前（東）下落
站穩，右腿緊接著向上提
膝護襠，繃腳面，成左獨
立步；右足上提時，左劍
指、右手劍手心向外，由
右托轉腕向右後下抽帶立
刃劍，向右前畫弧，經胸
前向頭左上方搪、撩、托

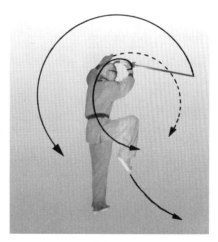

圖 301

劍成反手立刃劍，劍尖向前稍低；左劍指也隨之停於頭左
上。（圖301）

「綠柳垂陰」與「銀鉤釣月」二劍的名稱富有詩意，內涵豐富，一左一右相互提腿，前後呼應，快慢相間，頗具韻味。

一二五、獅首迎風

　　1. 右腳下落，成右弓步不動；左劍指與右手劍由上托劍隨之轉腕，各向左右下抽劍指和劍，向左右後下畫弧，向左右外上轉腕變劍尖向後，十字交叉在胸前形成∞字，再向左右各自畫圓弧，環繞，向胸前十字交叉成∞字，畫弧，左右來回算一次。（圖302、圖303、圖304、圖305）

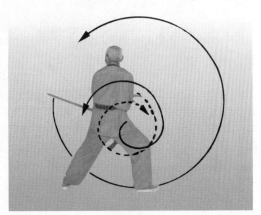

圖302

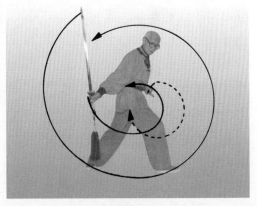

圖303

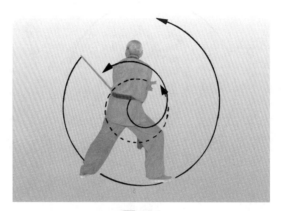

圖 304

圖 305

2. 左轉第五次時，右手劍劍尖向前，由左下轉向右上畫弧，轉腕向右前，立刃劍向上撩擊；左劍指由右上轉向左下，轉腕翻掌向左上甩指，停於頭左上；目視劍尖。（圖306）

【注意】上身與頭也隨劍由左右上下轉動搖擺，要快

圖 306

慢相間，剛柔相濟，把握輕重緩急。節奏分明，要有變化，不要求一致，應似獅子舞一樣，搖頭晃尾，顯其迎風招展之雄姿。

一二六、投鞭斷流

上撩擊後，左右手向左右兩側外下抽帶劍，手心向上，轉腕畫圓弧一周，向左右上（東），變手心向下，劍尖向前，用先柔後剛、先慢後快的立刃劍向前下（東）用力投點擊，劍尖微低；身前傾，同時右腳向右後邁一大步，成左弓步落實；左劍指由左上畫圓一周，停於頭左上，目視劍尖。（圖307）

【注意】左右手與右足同時到位完成。

收式一　大地回春

右手劍投擊定神後，身向右（南）轉時，左右手會合

圖 307

於胸前，手心向上，手
腕平畫大圓弧，用抽拉
勁各向左右兩側展臂；
同時左腳向右腳前斜，
橫邁一大步，腳尖點
地；右手劍則向右
（南）先柔後剛地用力
向上斜撩擊；左劍指手
心向下，向左胯展劍
指，指尖上翹，左右臂
成斜直線；挺胸，昂
首，身南面東，目視東
南。（圖 308）

圖 308

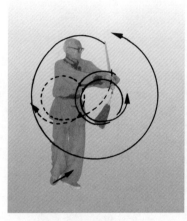

圖 309　　　　　　　　　　　圖 310

　　此式由身體的內外互動，有氧調節，使氣血貫通，達到強體健身的目的。

收式二　坎離既濟

　　右手劍由斜上方稍停，向右後轉劍畫圓橫掃一周半，手心向下變劍尖向後，劍柄在前，交與畫圓轉腕在左前迎劍的左手；與此同時，左腳向左後（北）撤一步，不停。（圖 309）

　　此式，左右手上下吻合接劍的一剎那，有一種說不出的和諧、祥和的感覺和氣氛。

　　「坎」字在八卦符號中代表「水」，「離」字代表「火」，這說明武當劍的思想境界，是讓人們相互既濟，水火包容，使你樂觀長壽，心身健康，這就是這套武當劍的指導思想，不是處處用外家的「力」來對待此劍，而是

圖 311　　　　　　　　　圖 312

用舞美健身來提高你的思想認識。

收式三　清靜依然

　　左右手在左前側，接劍完畢；稍頓，右腳向右後撤一大步，左右手同時向左右外下轉腕在胸前，畫小圓弧一圈，接著再畫大圓弧一圈；雙手在上下落時，左腳向左後撤步，向右腳靠近成立正式，落於原起式處。（圖310）

　　頭上揚，深吸氣，然後雙手向胸前慢慢下落，頭也慢慢到正直，吸入之氣，也慢慢由鼻孔向外自然呼出，呼出氣與左右手下落同時完成；左手劍，右手指緩慢停落於左右胯旁，劍尖向上，平貼臂後；目視前（南）方。（圖311、圖312）

　　此時身體原地停留片刻，你會感覺身體內外精神抖擻，氣血周流。長期合理的科學鍛鍊時，注意其中的「度」和「量」，132個劍式全部到位，伸拉拖拽，踢蹬

提踹，旋擰搖擺，抽掃抖帶，使你像萬向軸承一樣，運轉
自如，一身輕鬆，意猶未盡，樂在其中。健康長壽，武當
神功。這就是 6 路 132 式武當劍給人的回味無窮、美不勝
收的奧妙之處。

附錄一
武當神劍法 突現天津城

黃　衛

冬日的朝陽從地平線緩緩升起，一位精神矍鑠的老人獨立花園之中，凝神靜氣，手中一口寶劍隨著一抖，劍式輕靈而出。洋洋灑灑之間，身隨劍變，劍隨身走，劍式或刺、或劈，身形或轉、或移，劍招中透出一股非凡的氣勢。在一套令人眼花繚亂的劍招穩穩收勢後，老人氣不長出，面不改色。

記者看了一下手錶，粗略計算一下，在 7 分鐘內老人的劍招至少使出一百多式，其間閃展騰挪、躥蹦跳躍的高難度動作不下一半兒，如果不是親眼所見，很難想像表演這套劍法的竟是一位年已八旬的老人。

天津傳人　正宗劍術回武當

老人結束練劍後，記者湊上前與他攀談起來。「您老今年有 70 歲了吧？」記者問。「哪還有那個歲數呀，我今年 83 歲了。」看著記者滿臉懷疑的樣子，老人不禁一笑：「別人都不信，可是我確實 83 歲了，這都是我常年練劍的功勞。」「看您這套劍法不錯，不過不像一般的劍法，它是哪一個門派的？」

老人稍微沉吟了一下，又仔細打量了記者一番：「我的這套劍術就是失傳多年的武當丹派6路劍法。現在的武當山道士們練的那趟劍，還是從我們幾個師兄弟這兒學的呢。」「高人！」記者的第一反應。在記者的腦海中，對於武當劍術大師的想像是，鶴髮童顏，身穿道袍，高綰髮髻，仙風道骨，身背長劍行走於江湖之中。今天竟然在這個花園裏目睹了世外高人的風采，這可真是緣分。

「您老是和哪位武當前輩學的這套劍？」

「我的老師是這套劍法的第十一代傳人，到我們師兄弟這已是第十二代了。上個世紀80年代，武術之風盛行時，我與幾個師兄弟將這套劍法整理發表，引起了武當山道士們的注意。這套劍法原本在武當山失傳，經由那件事，武當山的道士們在上世紀80年代末找到我們，請我們上山傳藝，才使這套劍法重回武當。」

鎮山之寶　單線相傳幾失傳

這位老人名叫王恩盛，是天津市文史館館員，天津市美術家協會會員，同時又是當今為數不多的武當丹派劍的第十二代傳人。據其介紹，這套劍法出自中國古代武術傳奇人物———張三豐之手，是武當劍術的重要支派之一。因為這套武當劍法屬於單線相傳，經歷600年的時光之後，能夠知道而且全套演練的人微乎其微，可以說，這套傳統的劍法，幾乎就在失傳的邊緣。

在和王恩盛老人攀談的過程中，記者瞭解到，過去的師承非常嚴格，而且觀念保守，這套劍法僅在師徒之間傳習，外人根本不能管窺其中奧妙。王恩盛先生告訴記者，

當年張三豐創立這套劍法後，一直被武當派視為鎮山之寶之一，非師父親傳弟子不能相傳。而且，當年的這套劍法「殺」性太大，與人比武時，也不能輕易使用，此劍一出，敵手非死即傷，可見劍招之凌厲。如果不是第十代傳人、武術大師李景林思想開放，將這套劍法傳給多名弟子，這套劍法今天可能就看不到了。

相緣巧合　兩年苦練武當劍

王恩盛老人還是天津市的第一代連環畫畫家。新中國成立後加入中聯書局，專門從事連環畫的創作，由於用腦過度，患了嚴重的失眠症。當時，有人建議王恩盛參加一些鍛鍊，並介紹他學習武術。1953年，他在西安道的復興花園巧遇孟曉峰教授太極拳，於是向孟老師提出學習。在接下來的兩年裏，王恩盛風雨無阻，勤學苦練，不但將失眠症治好，身體素質也比以前有了很大的提高。經過長時間的觀察，孟曉峰先生對王恩盛很是欣賞，於是，他就把保存多年的武當丹派劍術照片、底片和劍譜資料交給王恩盛，囑咐他將來有機會，一定把此劍創繪成圖譜，向世人介紹，使這一古老劍術傳於後世，發揚光大。王恩盛說，對於武當劍自己早有耳聞，但沒想到老師會將劍術傳給自己，所以在開始學劍後，一招一式不敢偷懶。

武當丹派劍術全套單練劍法有132式，包括起勢、收勢在內，共分為6路。自己用了兩年時間將全部劍法了熟於心，並且幾十年來刻苦練習，從未間斷。每天清晨，復興公園杏林深處、水上公園的密林裏、民園體育場上，總能看到王恩盛迎著黎明的曙光勤奮演練。

大自然風霜雨雪的磨練，武當劍優美的劍姿及深厚的藝術內涵，使王恩盛治癒了病痛，又從舞劍中領略到心曠神怡的超脫。儘管老人沒有自稱「高人」，但一位 83 歲的老人能夠動作輕靈、敏捷，動如脫兔，靜如處子，確實在人心中留下深刻印象。

青鋒出鞘　三位合一神劍身

在王恩盛老人練功的花園裏，常來這裏的人都知道這位老人。83 歲年紀的老人在一般人的眼裏，都成了重點保護的人物，不要說蹦蹦跳跳，就連走路恐怕都得人從旁攙扶，生怕不留神摔個好歹。50 年磨一劍，王恩盛老人不但精神矍鑠，一招一式透出特殊的韻味，按照老人的話說，這叫「神、劍、身三合一」。

「武當丹派劍術之特色首以神意為先，處處出乎神，神足而道成。據說張三豐祖師創造此劍法，先練內功（指斂神聚氣），然後練外功，最後才教以手、眼、身、步各法，傳習劍術。一般劍術在要領上要求是『劍神合一』，而武當丹派劍術則要求『神、劍、身』合一，要求達到身與劍合，劍與神合。」王恩盛老人詳細地給記者講解，在劍法運用上，要能集中體現出內家拳法的四種特徵，即太極腰、八卦步、形意勁、武當神。

「太極腰」指一舉一動虛領頂勁，含胸拔背，節節鬆靈，氣沉丹田，以腰為軸心進行運轉；「八卦步」指前進後退左移右挪所展現的閃展騰挪，皆符合生理與方位的應變，處處能掌握運用八卦原理中的陰陽生剋關係；「形意勁」指出劍時處處以精神為先，或如蛟龍翻海，或如猛虎

下山，或如野馬抖鬃，或如仙鶴飄逸，當勇有勇，當剛有剛，當柔有柔，當靜有靜，一切隨機隨勢；「武當神」指武當派強調的神韻，將神、意、氣、力融貫於劍法之中，意到、神到、氣到、力到、劍也到，即「神劍身合一。」

王恩盛老人一邊給記者講解劍術要點，一邊用實際動作作為形象的解釋，三尺青鋒在老人的手中刺、劈、點、抽、帶、格，劍花繚繞，博得觀者嘖嘖稱道。

劍招創新　古劍新姿為健身

時代在進步，武術也在進步。一套拳種，一套兵器技法，不知經過多少人的改進和創新。如今，劍術已不再專門用於格鬥，而要為全民健身服務。那麼，與以前相比，這一保留至今的武當丹派劍術有沒有改變呢？

「武當劍套路的藝術形式、格調、韻律、節奏和章法等編排得非常合理到位，根據招式盡情發揮劍中要求，諸如神態、感情、意境、韻味、格調、手勢、眼神、身形、步法和形象以及太極腰、八卦步、形意勁等相互配合，表現出武當劍的精氣神魄，同時享受劍中運行的風采。諸如招式中的高中藏低、低中有高、快中有慢、慢中間快、長中有短、短中間長、剛中有柔、柔中顯剛，再加上那優美的章法、巧妙的佈局，顯示出它的左右對稱協調一致，連綿不斷上下相隨，高低起伏前後呼應，剛柔相濟瀟灑飄逸，快慢有序宛轉迂迴，淋漓盡致一氣呵成。當這耐人尋味流暢貫通的英姿舞練在這 15 公尺長的場地上，心中又好像綻開了數不清的幻夢之花。如果說再配上一曲『高山流水』古箏曲，那妙不可言的感覺無以復加。比如這套劍術

中有『鳳凰展翅』和『丹鳳朝陽』兩式，原來均為左式，從美學角度看有些不太符合美學的定義，經過仔細研究，我將『鳳凰展翅』一式增加一個劍花，從而自然地過渡到右式，不但得到當年孟老師的肯定，而且還將原劍譜的這一動作修訂為如此。」

據王恩盛介紹，當年李景林總結出抽、帶、格、擊、刺、點、崩、攪、截、洗、壓、劈等13式，繼承發揚了武當劍原有的擊、刺、格、洗之法。李景林集思廣益，從進擊攻防角度創編對劍一套，謂之「武當對劍」，此後發展到3趟。這都是在以技擊為前提下的。但現在，人們練劍的目的發生了變化，單純以技擊為要領的劍術美感不足，得不到人們的喜愛。所以，增加新的內容才是現在這套武當劍的生命所在。在健身的前提下，應當主張「武為文而閱，文為武而讀」，古老的劍術更應體現美學觀念。

83歲高齡的王恩盛老人又突發奇想，他欲將六十多年的畫藝和五十多年的劍藝結合起來，用畫筆展現今日武當劍的風采。他開始創作的「武當劍魂詩畫」，把詩、畫、劍法和個人自畫像融為一體，獨樹一派新畫風。「我想，武當劍術中的各個精髓部分，透過『神劍人合一』的想像，用畫筆一一描繪出來，對於體現武當道家劍術思想、宣傳全民健身更有幫助。」

（此文發表在2003年12月25日天津青年報上）

六路真跡武當劍藝

附錄二
津門採訪散記

譚大江

　　到天津採訪武術「挖整」工作已是好幾年的夙願了。最早是發現武當劍和猶龍派太極拳等幾個重要武當武術門派及拳種，後來挖整線索不斷出現，都使我覺得天津是非去不可的。

　　在武術挖整過程中，這些年最令我們感到遺憾的，就是一些身懷絕技、秘傳和珍藏有重要文獻史料的老拳師，在還未能及時地對他們進行挖整採訪時，便一個個相繼去世了。由此可見，特別對於某些老拳師的挖掘採訪，是具有搶救性意義的。這如同某些珍稀文物一樣，一旦毀滅，是不可能再生的。

　　近兩年來，天津有幾位武當拳派傳人又一再發出邀請，於是促使我生出早日完成天津之行的念頭。正巧，3月初接到國家武術院通知，3月23日赴京參加頒獎大會領獎，於是確定了中旬出訪天津的日程，於3月16日成行。

　　3月17日中午到達天津，本會理事、天津武當武術愛好者陳雅麗女士和其先生劉善祥驅車到車站迎接，他們給予了熱情接待，並放下很忙的工作為我的採訪作了周密的安排及工作上的協助。

17 日下午，我與幾位雖然熟悉卻未見過面的老師們通了電話。大家聽說我來到天津，都非常高興。最忙要數王恩盛和李壽山兩位老師，他們又是打電話又是親自奔走，向凡能聯繫到的天津武當拳的傳人們一一接洽，並於當晚確定了次日座談的參會人員———都是老一輩傳人，而不讓年輕的徒弟輩們參加。這是考慮到座談的時間有限，如果人數太多，老拳師們的心裏話就難以充分表達。

3 月 18 日上午，座談會在天津賓館召開。與會者有武當劍第 12 代傳人、80 高齡的王恩盛先生，振華武館教練、武當劍第 12 代傳人李蔭華先生，振華武館教練、六合神形拳傳人李壽山先生，天津老年大學武術教練、青萍劍傳人袁鴻章先生和八卦劍傳人劉建英先生，武當絕命劍傳人郭樹璞先生，猶龍派太極傳人張玉華先生，以及蕭壽成、李東川先生、陳雅麗女士等二十餘位天津市武當武術各門派傳人代表。

座談會在親切、激動、熱烈的氣氛中進行。我代表武當山武當拳法研究會和武當雜誌社，首先向與會的各位武當武術各門派傳人，並透過他們向天津市所有武當武術傳人和愛好者表示誠摯的問候，就天津市武當武術的挖整和拳師們關心的問題發表了自己的看法。我認為，這些年隨著有些老拳師的相繼過世，他們的真功絕技沒有得到及時整理保留，造成了無法挽回的損失和遺憾。

而當前要盡可能好地解決這個問題，需要消除一些誤區，並解決一些實際問題。需要消除的誤區是，有某些傳人覺得他的功法的挖整理應是有關部門和有關組織的事，為此還有些怨氣和牢騷，而沒有意識到自己應該負有最重

要的責任———在武術文化進入市場經濟的今天，情況更是如此。

另一方面，現在散見、隱藏在民間而未曾公之於世的武術門派還很多，國家尚沒有常設的挖整組織，而僅靠某個研究會或某個刊物有限的工作人員來進行這些挖整工作，那只是杯水車薪。要解決這一問題，關鍵要靠發揮各位傳人的主觀能動性，要靠當地武術愛好者所組建的協會、研究會的組織發動。有些傳人具有撰寫能力，應該積極拿起筆來整理；不具備撰寫能力的，宜與有撰寫能力的合作；也可以在培養弟子時，注意選拔一些學識水準較高、有撰寫能力的，以便在師父指導下進行整理。而作為武當本會本刊，我們將盡可能地提供業務指導，使大家的挖整工作走上科學化、規範化的路子。

與會代表的發言十分踴躍，概括起來可以分為三方面的內容。

第一是關於天津市武當武術事業的發展問題。代表們認為，應當說，天津的武當武術各個門派是很多的，但在此之前，各門派傳人自練自娛的意識較為濃厚，對發展弘揚普及缺乏積極態度，當然也更缺乏當今的市場經濟意識；各門派傳人之間多有「雞犬之聲相聞，老死不相往來」的情況，以致限制了各門派的共同發展。總體上使天津的武術發展現狀落後於全國其他地區。代表們說，天津市有關部門不太重視武術，武當山武當拳法研究會缺乏在天津的組織聯絡，也是造成天津武術現狀的原因之一。他們表示，要以極快的速度開拓出天津武術發展的新局面，使武當武術在全民健身運動中發揮出應有的作用和影響。

借此座談會為契機，增進各門派傳人之間的友誼交往，積極創辦武館、武校、培訓班，待條件成熟，組建天津市武當拳法協會或研究會。

第二是挖整工作。其實在此之前，天津許多武當拳法傳人在挖整工作中是做出過努力的，也是富有成效的。如王逸樵、張玉華、陳慶國、項東、郭樹璞、王恩盛、李蔭華、馬傑、韓英魁等，都撰寫過文章甚至出版過書籍。在這次座談會上，也鼓舞起大家積極進行挖整的信心和決心。大家除了提出要我們不斷及時給予指導外，還根據武術界存在的一些不正風氣，對挖整工作應注意的問題提出了共識性的倡議。一致認為，進行武術挖整一定要抱著實事求是，對歷史負責的態度，不能把自編自創的東西胡說成前人的秘傳；不能對不清楚的歷史源流進行瞎編；不能把他家、他人的東西說為本門、本人的東西；不能把與他人合作的成果竊為己有等等。我認為這些倡議真是太好了！應該引起全國武術界的積極回應，嚴肅對待。

第三是有關武德問題。大家認為，現在武術界有些醜惡現象令人可憎，應當引起警惕。這些醜惡現象主要表現在：有些人功夫不高，卻愛漫天自吹自誇，自封「大師」「宗師」名號，不知天高地厚；有些人熱衷於拉大旗作虎皮，借個什麼會議和某名人、某領導合個影、留個念，便到處宣揚以抬高自己；某些人利用欺騙手段剽竊他人成果，恬不知恥地據為己有；有些人愛拉山頭、結幫派，製造門派勢力和隔閡；有些人專愛在武術界內部搬弄是非，挑撥離間，製造矛盾，搞分裂，影響團結；有些人以自己為正宗傳人，對他人不屑一顧，目中無人，驕橫傲慢；有

些人自恃會些拳腳功夫，到處逞兇霸道，打架鬧事，違法亂紀，如此等等，喪失武德，在武術界和社會上均造成不良影響。大家認為，對那些武德不好的人，有組織的應清除出組織，並盡可能不讓其參加各種研討會和表演比賽；行為特別惡劣者，應該運用新聞媒體予以曝光。拳師們在傳功帶徒時，應首先考察學員和徒弟的品行，品行不好者不教；學員在投師拜藝時，也應考察老師的師德師風如何，不要跟上德行不好的老師……

會後，各門派代表人物在天津賓館寬敞雅致的後院裏進行了武術表演。80高齡的王恩盛老師表演了武當劍，他舞起劍來竟還是那樣的輕盈飄逸，令人讚歎不已。還有袁鴻章先生的白雲劍、劉建英先生的八卦劍、李壽山先生的游龍劍、郭樹璞先生的武當絕命劍，都表演得十分精彩，各有特色。李蔭華、蕭壽成、李冬川等拳師也表演了太極拳、行意拳、八卦掌和道家拳多個拳種；李壽山、蕭壽成還表演了活步推手。透過表演，可以看到每位拳師紮實的功底和一絲不苟的認真態度，這也從一個側面反映出津門傳統武術傳承上的豐富性和純正性。

表演結束，全體與會代表合影留念。說來也巧，我17日到天津時還是沙塵暴天氣，風沙刮得人睜不開眼睛，而18日那天卻是風和日麗。真是天公作美，使這次活動開展得舒心愜意。李壽山先生還興致勃勃地安排錄了影，我也拍了幾卷較理想的照片。大家說，這不僅是巧合，更是緣分。

座談會後，我分別登門造訪了幾位拳師。最值得高興的是這次與王恩盛老師的專門晤談，驅散了老先生心頭多

年的陰雲，激發了他重新整理武當劍的信心。老先生是個畫家，又是武當劍傳人，十年前他就計畫要把一百多式武當劍，以一幅幅圖畫繪之於紙，讓觀者從畫中體悟意境，神融劍魂，更好地學練武當劍。為此他在兩年間已創作了18幅圖畫。當他畫性正濃時，因為《武當劍》一書的出版，他由原來的作者之一被別人弄成了「助編」。身為孟曉峰最早的入門弟子且在天津最具影響的他卻成了局外人，為此他十分憤慨，從而對原來的創作計畫失去了信心。經由這次我與他的傾心交談，老先生決心重振旗鼓，把《武當劍魂詩畫》這個包括文、圖、詩、事的系列創作繼續下去，力爭在有生之年完成這一宏篇巨著。

我看他雖屆耄耋之年，但耳不聾，眼不花，思維敏捷，談吐流利，身板硬朗，耍劍時還能輕盈地縱起身來。我相信他的創作計畫定會早日實現，我也願意為他這個創作提供些力所能及的幫助。

2000 年 4 月中旬於漢江河畔

註：此文原發表在《武當》雜誌 2000 年第 6 期上。

附錄三
武當劍魂入畫來
——記武林畫家王恩盛記
王中立

每天清晨，天津體育館院中的林蔭道上，人們常能看到一位八旬老人，手持一柄寶劍，忽而輕縱猿步，閃展騰挪；忽而如虎歸山，躍伏跳躍。銀色的劍光中，耄耋老人輕盈之軀剛柔相濟，瀟灑飄逸，直看得晨練的人和過往群眾陣陣喝彩。這位老人就是著名的連環畫家、武當劍第 12 代傳人王恩盛。

著名連環畫畫家

王恩盛是北京人，生於 1921 年，今年 82 歲高齡。他幼年讀書時即愛好美術、音樂和體育。在啟蒙老師潘蘊珊的精心指教下，王恩盛在美術方面尤為刻苦鑽研，20 歲時即創立「恩盛畫社」，進行美術教學和繪畫工作。王恩盛受美術界巨匠蔣兆和、徐悲鴻、金梅生等影響，把美術創作與時代緊密結合，這為他在新中國成立後從事連環畫創作打下了堅實的思想基礎。

新中國成立後，王恩盛主要從事連環畫創作，是天津市很有影響的早期連環畫家。當時的私立出版社「中聯書店」，王恩盛是其特約撰稿畫家之一。

1952 年，王恩盛自編繪的連環畫《一封航空信》刊登在北京人民美術出版社編輯的《連環畫報》上。此後，許多膾炙人口的連環畫如《保衛延安》《榆林前線》《大敗拿破崙的俄羅斯名將———庫圖佐夫》《沙漠裏的戰鬥》《古麗雅的道路》等，都在他的畫筆下創作出來，成為各種年齡的讀者喜愛的作品。

　　除了創作連環畫，王恩盛還從事年畫的創作。他創作出來的年畫《送給毛主席》《合作有餘》《中蘇友好世界和平》等多幅作品，參加全國青年美術作品展覽，獲得 1957 年全國青年美展三等獎，還有多幅年畫作品被《天津畫報》和《河北畫報》作為刊物封面、封底選登。

　　在連環畫和年畫創作之餘，王恩盛還有不少寫生作品問世，其中水彩寫生《中山紀念塚》刊登在 1954 年的《天津日報》上。這期間，王恩盛創作了大量為人民喜聞樂見的連環畫、年畫作品，為黨的文化宣傳事業做出了貢獻。1954 年被吸收為天津市美術家協會會員。

　　黨的十一屆三中全會以後，王恩盛被聘為天津市文史館館員。畫家在沉寂多年之後重新拿起心愛的畫筆，以極大的熱情投入新國畫的探索與創作中。重彩國畫《尤三姐》、新年畫《一孩富貴》被文史館珍藏、展出並收入畫集。1990 年「天津市十景美展」中，他的作品《海門古塞》《天塔旋雲》《雙城醉月》入選。這三幅作品極富浪漫色彩，突出了天津特色，被天津電視臺錄影後向全國播放。

武當劍第十二代傳人

武當丹派神劍系武當派祖師、明朝張三豐所創，為武當山鎮山之寶。此劍法近代傳到天津李景林大師之手。經李景林聚集各家共同鑽研劍法，為之定名、定式、定法，繼承演變至今，成為國內四大名劍之一。

武當劍法多為單線相傳。王恩盛的老師孟曉峰係武當劍第十一代傳人，1930年在濟南成立國術館，與武當劍第十代傳人李景林邂逅。兩人相逢甚為投機，李遂將密不外傳的6路132式武當劍法授予孟曉峰。1937年，孟曉峰退隱天津，潛心研究太極拳、武當劍、伏魔棍和太乙雙劍。王恩盛因從事連環畫、年畫創作，造成腦體失衡，患了嚴重的失眠症。1953年，他在天津復興花園巧遇孟曉峰，遂拜師入門學習武當劍。

王恩盛因習武刻苦，並懂得美術創作，頗得孟曉峰喜愛，稱讚他「孺子可教也」。孟曉峰把保存多年的劍術照片底片和劍譜資料交給他，並囑咐他將來有機會時，一定把此劍創繪成圖譜，向世人介紹，使中華劍術傳於後世，發揚光大。

王恩盛得武當劍先師真傳，幾十年來刻苦練習，從未間斷。每天清晨，在和平區復興花園杏林深處、水上公園的密林裏、在民園體育場，總能看到王恩盛迎著黎明的曙光勤奮演練。大自然風霜雨雪的磨練，武當劍優美的劍姿及深厚的藝術內涵，使王恩盛治癒了病痛，又從舞劍中領略到心曠神怡的超脫。他深深體會到，武當劍是一種兼具健身價值和審美情趣的劍術，實為中華劍術之瑰寶。

從 1988 年開始，王恩盛為完成先師遺願，著手整理孟曉峰交給他的 6 路 132 式武當劍劍譜。王恩盛利用自己繪製連環畫的專長，根據武當劍劍術名稱、劍式走向，費時半年，終於創作完成 400 多幅劍式圖譜，每幅圖均配以文字說明。這件兼具武術、繪畫的藝術作品，連續 6 期在《武當》雜誌上發表，深受讀者歡迎。如今 83 歲的王恩盛老人，在老有所為、老有所樂的全民健身熱潮中，為弘揚中國武術、宣傳武當劍術，每天無償向群眾傳授武當劍術。現在，他又突發奇想，開始了新的攀登。他欲將六十多年畫藝與四十多年劍藝結合起來，用畫筆展現今日武當劍的風采。他又開始了「武當劍魂詩畫」的創作。他要把詩、畫、劍法與個人自畫像融為一體，獨樹一派新畫風。

「老驥伏櫪，志在千里」。願王恩盛老人在新的征途上再結碩果。

（此文發表在 2003 年 7 月 28 日天津《老年時報》上）

心裏話（代後記）

王恩盛

　　這套珍貴的 6 路 132 式武當劍，在國家傳統武術搶救工程中被挖掘並在人民體育出版社大力支持下得以順利出版，我心中感慨萬分。

　　最想說的是感謝。

　　感謝國家對傳統武術的及時搶救；

　　感謝人民體育出版社編輯部和武當拳法研究會秘書長譚大江先生對我的深入認識瞭解和支援；

　　感謝已逝的恩師孟曉峰的教導和培養；

　　感謝天津美協，在美協推薦下我在 1980 年成為天津文史館館員，我老有所養，生活上無後顧之憂，得以安心創作；

　　感謝哈佩、寧書綸、詹向今等諸多的朋友和劉秀、張家駿、田洪虎等學生，他們給了我很多具體的幫助；

　　也感謝我的子女和已過世的老伴對我的理解、鼓勵、支持和幫助。

　　眾人添柴火焰高，才使我有了老有所為和老有所獻的今天。

　　在全民健身的熱潮中，這本書與廣大群眾見面，我感

到非常榮幸和安慰。適逢天津建衛 600 周年，我願以此書作為一份最好的禮物呈獻。

同時我也寄希望欲學此劍的學員：

深入淺出，認真對待，持之以恆，畢生真愛，有志劍成，定為高才，此書為師，方知藝來。

謹以此四字訣告知為快。

導引養生功 系列叢書

張廣德養生著作

每冊定價 350 元

全系列為彩色圖解附教學光碟

彩色圖解太極武術

1 太極功夫扇
定價220元

2 武當太極劍
定價220元

3 楊式太極劍56式
定價220元

4 楊式太極刀
定價220元

5 二十四式太極拳+VCD
定價350元

6 三十二式太極劍+VCD
定價350元

7 四十二式太極劍+VCD
定價350元

8 四十二式太極拳+VCD
定價350元

9 楊式十六式太極劍
定價350元

10 楊氏二十八式太極拳+VCD
定價350元

11 楊式太極拳四十式+VCD
定價350元

12 陳式太極拳五十六式+VCD
定價350元

13 吳式太極拳五十六式+VCD
定價350元

14 精簡陳式太極拳八十六式
定價220元

15 精簡吳式太極拳三十六式 拳架·推手
定價220元

16 夕陽美功夫扇
定價220元

17 綜合四十八式太極拳+VCD
定價350元

18 三十二式太極拳 四段
定價220元

19 楊式三十七式太極拳+VCD
定價350元

20 楊氏五十一式太極劍+VCD
定價350元

國家圖書館出版品預行編目資料

六路真跡武當劍藝／王恩盛　著
　　——初版，——臺北市，大展，2007 年〔民 96〕
　　　面；21 公分，——（中華傳統武術；11）
　　　ISBN　978-957-468-508-0（平裝）

1.劍術
528.975　　　　　　　　　　　　　　95021734

六路真跡武當劍藝

ISBN－13：978-957-468-508-0
ISBN－10：　　957-468-508-x

著　　者／王恩盛
責任編輯／張建林
發 行 人／蔡森明
出 版 者／大展出版社有限公司
社　　址／台北市北投區（石牌）致遠一路 2 段 12 巷 1 號
電　　話／（02）28236031・28236033・28233123
傳　　真／（02）28272069
郵政劃撥／01669551
網　　址／www.dah-jaan.com.tw
E－mail／service@dah-jaan.com.tw
登 記 證／局版臺業字第 2171 號
承 印 者／高星印刷品行
裝　　訂／建鑫印刷裝訂有限公司
排 版 者／弘益電腦排版有限公司
授 權 者／北京人民體育出版社
初版 1 刷／2007 年（民 96 年）1 月

定價／230 元